FOTO
CATANIA

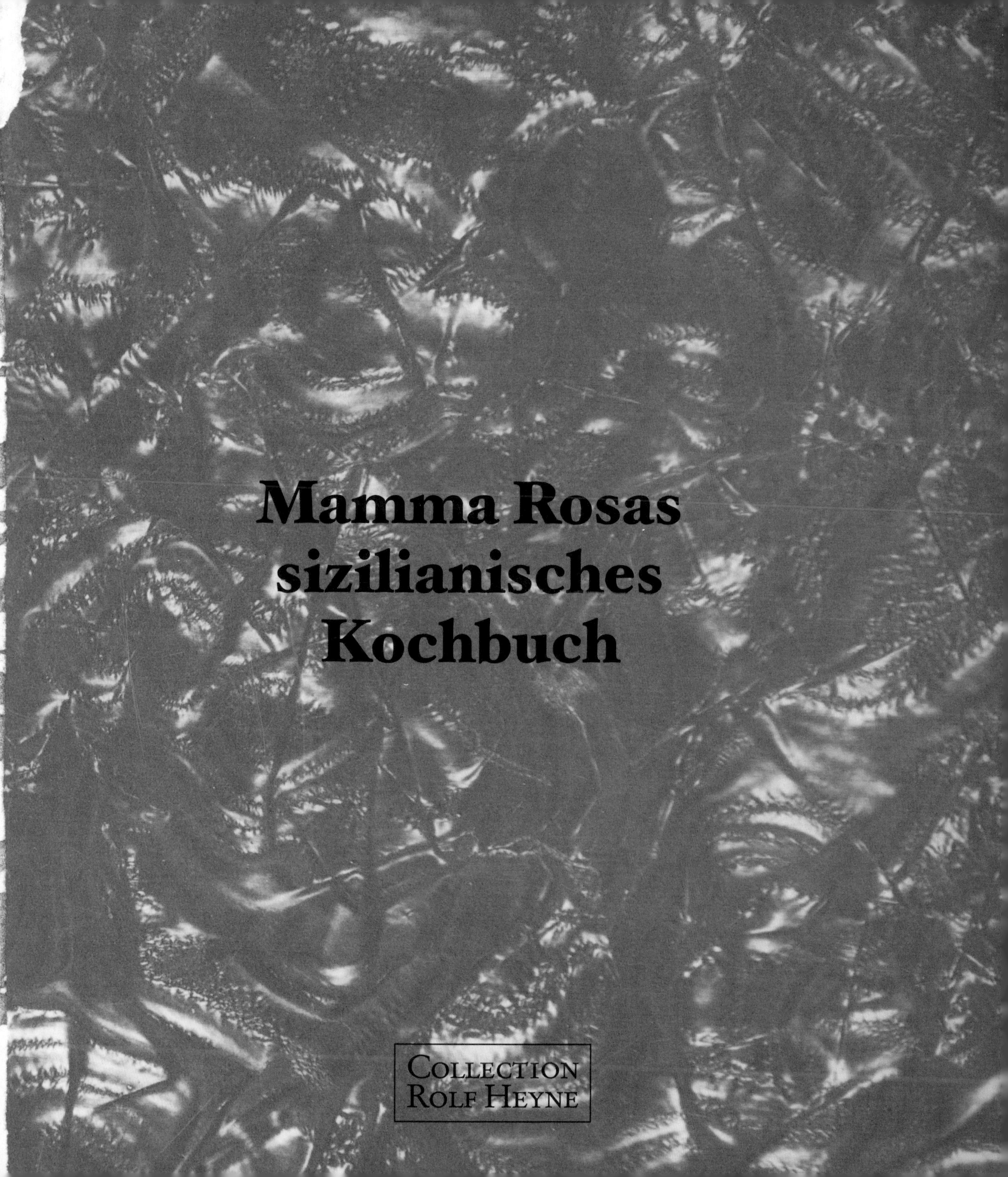

Mamma Rosas sizilianisches Kochbuch

Collection Rolf Heyne

SICILIA

Sizilianisch kochen

Meine Eltern stammen beide aus derselben Region um Messina, wo sie nur wenige Dörfer voneinander entfernt, hoch oben in den sizilianischen Bergen lebten. Ich wurde in Catania geboren, wohin meine Eltern nach ihrer Hochzeit gezogen waren. Das Leben in der Stadt war ganz anders als in den Dörfern ihrer Eltern. Auf dem Land herrschte große Armut und die Menschen mussten ihr eigenes Gemüse anbauen und Käse, Salami und Eingemachtes selbst herstellen, um über die Wintermonate zu kommen. Viele junge Leute zogen auf der Suche nach Arbeit aus den Dörfern fort in die großen norditalienischen Städte und bis nach Übersee.

Ich erinnere mich noch sehr gut an unsere Besuche bei meinen Großeltern auf Sizilien. Mein Großvater setzte mich auf seinen Esel Mariano, wenn wir loszogen, um die Familie meiner Mutter zu besuchen. Auf dem Weg kletterten wir auf Steinmauern und naschten von den Weintrauben. Es ging ungefähr eine Stunde bergauf und bergab, bis wir unser Ziel erreicht hatten.

Mein Vater arbeitete auf einer Obstplantage. Sein Bruder lebte in unmittelbarer Nachbarschaft, und so radelten Vater, Mutter und ich einmal in der Woche dorthin, um ihn und seine Familie zu besuchen. Ich spielte mit meinen Cousins unter Orangenbäumen, während meine Mutter und meine Tante damit beschäftigt waren, Brot für die kommende Woche zu backen. Auf dem Weg zurück waren die Fahrräder meiner Eltern dann mit vielen Broten bepackt. (In den ersten Jahren, die wir in Australien verbrachten, erledigte mein Vater alles mit seinem Fahrrad. Er transportierte Baumaterialien und alles, was er irgendwie darauf verstauen konnte.)

Mein Großvater entschied, dass das Leben auf Sizilien zu hart sei und keine Zukunftsperspektive habe. Er verließ schweren Herzens seine Familie (er hatte 10 Kinder, von denen eines bereits verheiratet war) und reiste auf der Suche nach einem besseren Leben nach Australien. Er kannte eine Familie aus seinem Dorf, die in Melbourne erfolgreich eine Gärtnerei betrieb, wusste aber nicht, wo genau er sie finden konnte. Er versuchte sein Glück auf dem Queen Victoria Obst- und Gemüsemarkt und traf dort auch tatsächlich zufällig auf den Gesuchten, der ihm Arbeit in der Gärtnerei in Werribee South anbot.

Ein Jahr später folgten meinem Großvater zwei Söhne, dann noch einer und schließlich die restliche Familie. Wir kamen zwei Jahre später, im Jahr 1962, an: meine Eltern, ich selbst und mein kleiner Bruder Pep (Giuseppe). Die Reise war sehr lang und ich erinnere mich, wie ich das erste Mal Butter probierte und Tee trank, was mir beides nicht schmeckte. Meine Mutter war glücklich, wieder mit ihrer Familie vereint zu sein, und das Leben in Australien verlief im Wesentlichen wie auf Sizilien. Man kam zusammen, machte Makkaroni, Salami, Tomatensugo und Eingemachtes. Damals kochten wir unsere traditionellen Gerichte immer gemeinsam. Inzwischen ist unsere Familie auf 130 Mitglieder angewachsen und zum Kochen und Einmachen treffen wir uns in kleineren Familiengruppen, wobei immer etwas freundliche Rivalität ins Spiel kommt (da hört man schon mal: »Meine Salami ist viel besser als deine!«). Ich bin sehr froh darüber, dass wir die Traditionen hochhalten.

Ich koche gerne die einfachen Gerichte, die meine Eltern und Großeltern ihr ganzes Leben lang gegessen haben. Kochen hat dabei nicht nur etwas mit Überleben zu tun, wir kommen zusammen, teilen, plaudern und streiten uns über Methoden und Aberglauben. Wir sammeln am Straßenrand gerne wilden Fenchel, Gemüseartischocken und Nesseln (was bei der zunehmenden Besiedlung allerdings immer schwieriger wird). Wir geben Rezepte für Plätzchen weiter und genießen einen Schlagabtausch über den richtigen Zeitpunkt, das Gemüse zu salzen. Ich sehe mit Bedauern, dass den Menschen in Italien und Australien ihre Traditionen verlorengehen. Wer wird in Zukunft Salami oder Sugo oder Eingelegtes machen? Wer die einfachen traditionellen Mahlzeiten kochen? Wir sind alle so beschäftigt, dass es bequemer erscheint, eine Dose zu öffnen oder am Imbissstand etwas mitzunehmen. Dabei gibt es Gerichte, die sind schneller zubereitet, als man denkt. Gute Zutaten, einfach zubereitet und mit Familie und Freunden gemeinsam genossen – das ist alles, was man braucht.

antipasto

Sizilianer lieben nicht nur das Essen, sondern auch das Plaudern, während *la mamma* kocht. Antipasto-Häppchen regen den Appetit und die Konversation gleichermaßen an. Sie sind für uns ganz alltäglich, und es reichen ein paar Scheiben Salami oder Käse mit Oliven und etwas in Teig Ausgebackenes.

insalata di olive

Marinierte Oliven

Ich entsteine Oliven gerne selbst, da entkernte Oliven, die es zu kaufen gibt, häufig zu weich und nicht so aromatisch sind. Das Entsteinen ist ganz einfach, es genügt ein kleiner Stoß mit einem flachen Flaschenboden oder mit einem Fleischklopfer, dann lässt sich der Stein leicht entfernen.

500 g feste grüne Oliven in Lake
3 zarte Stangen Staudensellerie aus dem Herzen, in dünne Scheiben geschnitten
1 kleine Karotte, in dünne Scheiben geschnitten
2 Knoblauchzehen, zerdrückt
1 EL getrockneter Oregano
1 TL Anissamen
1 TL Chiliflocken (nach Belieben)
125 ml natives Olivenöl extra
3 EL Weißweinessig

Alle Zutaten in einer großen Schüssel mischen und 2–3 Stunden vor dem Servieren durchziehen lassen, damit sich die Aromen verbinden. Im Kühlschrank halten sich die Oliven bis zu 4 Tage. Die Oliven vor dem Servieren rechtzeitig herausnehmen und zimmerwarm werden lassen.
(Für 8–10 Portionen)

carciofi sott'olio
Eingelegte Artischocken

Die Menge an Artischocken mag zunächst viel erscheinen, nachdem das Gemüse geputzt ist, wird es aber deutlich weniger! Ich bevorzuge die violetten und grünen Artischockensorten, da sie weniger Heu enthalten. Wer Artischocken einlegen will, wartet am besten bis zum Ende der Saison, dann sind sie preisgünstiger, und wer Glück hat, bekommt auch kleinere Exemplare. Ich habe hier nicht die genaue Ölmenge angegeben, da sie von der Größe des verwendeten Einmachglases abhängt. Eine Großpackung mit 4 l ist aber auf jeden Fall ausreichend.

6 kg Artischocken
4 Zitronen
3 l Weißweinessig
125 g Meersalz
6 frische Lorbeerblätter
6 Knoblauchzehen, geschält und halbiert
1 EL Fenchelsamen
1 EL Chiliflocken (nach Belieben)
natives Olivenöl extra

Die harten Außenblätter der Artischocken entfernen, bis die Blätter mit zarten gelben Ansätzen zu sehen sind. Den Stiel um den Ansatz herum vorsichtig schälen, dabei 2–3 cm stehen lassen. Alle Artischocken halbieren und gegebenenfalls das Heu entfernen. Einen großen Eimer mit Wasser füllen, den Zitronensaft dazugeben (am besten auch die Zitronen selbst) und die Artischocken hineinlegen. (Der Zitronensaft verhindert, dass sich die Artischocken verfärben.)

Den Essig und das Meersalz in einen großen Topf geben (kein Aluminium) und 3 l Wasser hinzufügen. Das Essigwasser aufkochen und die Artischocken darin portionsweise 15–25 Minuten (je nach Größe) sachte köcheln lassen. Dann die Garprobe machen, sie sollten noch al dente sein (sind sie zu weich, werden sie im Glas leicht matschig).

Die garen Artischocken mit einer Zange aus dem Topf nehmen und mit der Schnittseite nach unten auf einem Geschirrtuch abtropfen lassen. Die Artischocken vollständig auskühlen lassen und zur Hälfte in ein sterilisiertes Einmachglas füllen. Die Hälfte des Knoblauchs, 1–2 Lorbeerblätter, einige Fenchelsamen und für Schärfe einige Chiliflocken hinzufügen. Weitere Artischocken dicht an dicht in das Glas schichten und nochmals Kräuter und Gewürze dazugeben.

Die Artischocken mit Olivenöl bedecken und 1 Stunde ruhen lassen. Eventuell nochmals Öl nachfüllen, dann das Glas verschließen. Eingelegte Artischocken halten sich bis zu 1 Jahr, im offenen Glas schimmeln sie aber schnell.
(Für 1 sehr großes Einmachglas)

pomodori sott'olio

Sonnengetrocknete Tomaten

Echte sonnengetrocknete Tomaten schmecken sensationell. Häufig sind die im Laden angebotenen getrockneten Tomaten nicht an der Sonne gedörrt und es fehlt ihnen das herrlich intensive Aroma. Wer im Sommer einen Versuch macht, wird nicht enttäuscht werden. Es ist nicht sinnvoll, hier Angaben zur Menge zu machen, da sie davon abhängt, wie viele Tomaten getrocknet werden sollen. Das Rezept ist zwar einfach, aber recht zeitaufwendig (allerdings ganz entspannt).

Tomaten
Meersalz
Knoblauchzehen, geschält und halbiert
getrockneter Oregano
frische Basilikumblätter
Fenchelsamen
natives Olivenöl extra

Die Tomaten halbieren und mit der Schnittseite nach oben auf ein Kuchengitter legen. Großzügig mit Meersalz bestreuen und in die Sonne stellen. Je nach Intensität der Sonneneinstrahlung dauert es unterschiedlich lange, bis die Tomaten getrocknet sind. Nach und nach verlieren sie ihre Feuchtigkeit, sollten allerdings abends hereingenommen werden und nicht nass werden. Die Tomaten sollten gut trocken, aber nicht hart sein, sonst werden sie ledrig.

Sind die Tomaten so weit getrocknet, werden sie kurz mit heißem Wasser abgespült, um Staub oder restliches Meersalz zu entfernen. Anschließend rasch trockentupfen und auf einem Ofenrost bei 120 °C im Backofen etwa 15 Minuten trocknen. Vollständig abkühlen lassen und in ein sterilisiertes Einmachglas schichten. Einige Knoblauchstücke, etwas Oregano, einige Basilikumblätter und einige Fenchelsamen in jedes Glas geben und nochmals eine Lage Tomaten einschichten. Weiter so verfahren, bis das Glas voll ist.

Olivenöl über die Tomaten gießen und 30 Minuten stehen lassen. Das Öl setzt sich ab, daher nochmals Öl nachfüllen und das Glas verschließen. Die Tomaten müssen 1 Monat durchziehen, bevor sie fertig sind. Im verschlossenen Glas halten sie sich bis zu 2 Jahre.
(Menge entsprechend der verwendeten Anzahl von Tomaten)

melanzane sott'olio

Eingelegte Auberginen

3 kg feste, frische Auberginen
125 g Meersalz
2 l Weißweinessig
6 Knoblauchzehen, geschält und halbiert
1 EL Fenchelsamen
1 EL getrockneter Oregano
Chiliflocken (nach Belieben)
1–2 l natives Olivenöl extra

Die Auberginen schälen, quer in etwa 1 cm dicke Scheiben und diese in etwa 1 cm breite Streifen schneiden. Die Auberginenstreifen auf einem großen Tablett mit hohem Rand ausbreiten und mit Meersalz bestreuen. Die Auberginen 24 Stunden lang bei Zimmertemperatur offen stehen lassen.

Die Auberginen ziehen sehr viel Wasser, sie sollten in der Flüssigkeit gewendet werden und anschließend gut abtropfen lassen. Ich lege die Stücke in einen Durchschlag und beschwere sie, damit so viel Flüssigkeit wie möglich austritt. Die Auberginenstücke anschließend abspülen und wieder auf dem abgetrockneten Tablett auslegen. Den Essig darübergeben, vermengen und die Auberginen so verteilen, dass alle mit Essig bedeckt sind. Nochmals für 24 Stunden bei Zimmertemperatur offen stehen lassen. In einem Durchschlag abtropfen lassen, die Auberginen beschweren, damit so viel Flüssigkeit wie möglich austritt. Etwa 4 Stunden abtropfen lassen.

Die Auberginen mit dem Knoblauch, den Fenchelsamen, dem Oregano, den Chiliflocken und 250 ml Olivenöl mischen. Alles in sterilisierte Einmachgläser schichten, dabei mit einem Holzlöffel festdrücken. Die Auberginen mit Olivenöl übergießen und die Gläser verschließen. Nach ca. 1 Monat sind die Auberginen fertig, im verschlossenen Glas halten sie sich etwa 1 Jahr. (Für 1 großes Glas oder 2 mittelgroße Gläser)

biancchetti fritti

Frittierte Jungfische

500 g Jungfische (etwa 3–4 cm lang, zum Beispiel junge Sardinen)
150 g Weizenmehl (Type 405) zum Bestäuben
1 l Pflanzenöl zum Frittieren
feines Meersalz
einige Zitronenspalten

Die Fische verlesen und beschädigte Exemplare aussortieren. Ich spüle sie unter fließend kaltem Wasser ab und tupfe sie anschließend trocken.

Das Mehl in eine flache Schüssel geben und mit Meersalz und Pfeffer würzen. Das Öl in einem großen Topf auf 190 °C erhitzen. Probeweise einen Fisch in das Fett geben – brutzelt er, ist das Öl heiß genug. Die Fische im Mehl wenden, überschüssiges Mehl abschütteln und vorsichtig in das Öl geben.

Die Fische etwa 2 Minuten goldbraun frittieren, dann aus dem Topf nehmen und auf Küchenpapier abtropfen lassen, mit Meersalz bestreuen und mit den Zitronenspalten servieren.
(Für 6 Portionen)

fritelli di cavolfiore

Blumenkohlpuffer

½ großer Kopf Blumenkohl
300 g Weizenmehl (Type 405)
100 g frischgeriebener Parmesan
1 Knoblauchzehe, zerdrückt
3 EL gehackte glatte Petersilie
3 Eier, leicht verquirlt
natives Olivenöl extra zum Braten
1 TL Meersalz
frischgemahlener Pfeffer

Den Blumenkohl in seine Röschen zerteilen. Die Blumenkohlröschen in reichlich Salzwasser weichgaren (lässt sich ein Röschen am Stiel mit einer Gabel leicht anstechen, ist der Blumenkohl fertig). Den Blumenkohl aus dem Wasser nehmen, abtropfen und in einer Schüssel abkühlen lassen.

Die abgekühlten Blumenkohlröschen vorsichtig mit dem Mehl, dem Parmesan, dem Knoblauch und der Petersilie vermengen, dann alles mit Meersalz und Pfeffer abschmecken. Die verquirlten Eier hinzufügen und nochmals vorsichtig vermengen. Ist die Mischung zu trocken, noch etwas Wasser hinzufügen.

So viel Olivenöl in eine Pfanne geben, dass der Pfannenboden bedeckt ist. Das Olivenöl bei mittlerer Temperatur erhitzen und die Puffermischung esslöffelweise hineingeben, die Pfanne dabei aber nicht zu voll machen. Die Puffer goldbraun braten, dann wenden und mit einer Gabel leicht flachdrücken. Die zweite Seite ebenfalls goldbraun braten, bis die Puffer ganz durchgegart sind. Die Puffer schmecken auch als kleiner Imbiss für zwischendurch, wenn sie auf Zimmertemperatur abgekühlt sind.
(Für etwa 20 Puffer)

fritelle di cardone

Cardypuffer

Cardy ist eigentlich eine schottische Distelart. Richtig, eine schottische Distel! In Sizilien wird Cardy von jedermann gesammelt. Geerntet wird idealerweise zwischen Juni und August, wenn die Pflanzen noch jung sind. Fangen sie an zu blühen, sind sie zu hart. Wir verwenden nur die Stiele, die Blätter können mit dem Messer abgeschnitten werden. Die Stiele sollten zart sein, holzige wegwerfen. Cardy ist leicht bitter, schmeckt gekocht aber ausgesprochen lecker. Viele Europäer mögen dieses Gemüse (mancherorts wird es auch angebaut, die kultivierte Variante ist allerdings einfacher zu handhaben, da sie keine Dornen hat). Wer keinen Cardy findet, kann für dieses Rezept auch Artischockenstiele verwenden.

1 kg Cardystiele, in 8 cm lange Stücke geschnitten und halbiert
225 g Weizenmehl (Type 405)
100 g frischgeriebener Parmesan
1 Knoblauchzehe, zerdrückt
2 EL gehackte glatte Petersilie
3 Eier, leicht verquirlt
natives Olivenöl extra zum Braten
Meersalz, frischgemahlener Pfeffer

Den Cardy in reichlich Salzwasser weichgaren. Es ist schwer zu sagen, wie lange das dauert, da dies davon abhängt, wie zart die Stiele sind. Am besten immer wieder probieren, ob er sich leicht mit einer Gabel anstechen lässt. Meiner Erfahrung nach dauert das Garen zwischen 10 und 45 Minuten. Den garen Cardy abtropfen und in einer Schüssel abkühlen lassen, dann vorsichtig mit dem Mehl, dem Parmesan, dem Knoblauch, der Petersilie und etwas Meersalz und Pfeffer vermengen. Die verquirlten Eier unterrühren und eventuell noch etwas Wasser hinzufügen, falls die Mischung zu trocken erscheint.

So viel Olivenöl in eine Pfanne geben, dass der Pfannenboden bedeckt ist. Das Olivenöl bei mittlerer Temperatur erhitzen und die Puffermischung esslöffelweise in das heiße Fett geben. Die Puffer etwa 4 Minuten goldbraun braten, wenden und mit einer Gabel leicht flachdrücken. Die zweite Seite goldbraun braten und die durchgegarten Puffer heiß oder lauwarm servieren. (Für 15–20 Stück)

Ich liebe es, in der Natur nach Essbarem zu suchen. Meine Mutter und ich sammelten oft mit Körben und scharfen Messern bewaffnet Cardy. (Wenn wir heute über Land fahren, halte ich immer wieder an, um Samen von wildem Fenchel, Wildbrokkoli, Rucola, Brennnesseln oder Heidelbeeren zu sammeln.)

olive siciliane

Eingelegte Oliven nach sizilianischer Art

Frische Oliven bekommt man am besten auf dem Markt oder in guten Obst- und Gemüsegeschäften. Sie sollten grün sein und keine schwarzen Stellen aufweisen. Oliven haben nur kurze Zeit Saison, daher sollte man rechtzeitig Ausschau danach halten. Für das Öl habe ich keine genaue Mengenangabe gemacht, da die Menge von der Anzahl der verwendeten Gläser und der Größe der Oliven abhängt. Etwa 4 l Öl sollten aber ausreichen.

2 kg frische grüne Oliven
6 Zitronen
450 g grobes Meersalz
1 l Weißweinessig
5 Knoblauchzehen, geschält und halbiert
3 EL getrockneter Oregano
2 EL getrocknete Anissamen
frische Lorbeerblätter (nach Belieben)
1 EL Chiliflocken (nach Belieben)
natives Olivenöl extra

Zuerst die Oliven entsteinen: mit einem flachen Flaschenboden oder einem Fleischklopfer die Oliven etwas flachdrücken. Sie platzen auf und der Stein lässt sich entfernen (Handschuhe sind empfehlenswert, da Oliven abfärben). Immer ein paar auf einmal entsteinen, anschließend in eine Schüssel mit kaltem Wasser legen, in die man die Scheiben von 3 Zitronen gegeben hat. Sind alle Oliven entsteint, umrühren und abtropfen lassen. Die Schüssel nochmals mit kaltem Wasser füllen (1 Teil Oliven, 3 Teile Wasser), die restlichen Zitronen in Scheiben und 300 g Meersalz hineingeben. Die Oliven 24 Stunden durchziehen lassen.

Die Oliven abtropfen lassen, auf einem großen Tablett mit hohem Rand verteilen und mit dem restlichem Meersalz bestreuen. Die Oliven 24 Stunden ruhen lassen, anschließend mit der ausgetretenen Flüssigkeit verrühren und gut abtropfen lassen. Das Tablett abspülen, die Oliven darauf verteilen und mit dem Essig übergießen. Nochmals 24 Stunden ruhen lassen.

Die Oliven erneut abtropfen lassen, wieder auf dem Tablett verteilen und mit dem Knoblauch, dem Oregano, den Anissamen, den Lorbeerblättern und gegebenenfalls Chili mischen. Mehrere kleine oder 2–3 große Gläser bereitstellen (ich verwende gerne kleinere, die ich dann verschenken kann), die Oliven einfüllen und pro Glas ein paar Knoblauchstückchen dazugeben. Jedes Glas mit Olivenöl füllen und etwa 1 Stunde absetzen lassen. Gegebenenfalls noch Öl nachfüllen, je 1 Lorbeerblatt auflegen und die Gläser verschließen. Die Oliven 2–3 Wochen vor dem Verzehr durchziehen lassen. Verschlossen halten sie sich bis zu 12 Monate.

olive fritte
Gebratene schwarze Oliven

4 EL natives Olivenöl extra
375 g in Öl eingelegte feste, schwarze Oliven
1 TL Chiliflocken
2 Knoblauchzehen, geschält und halbiert
1 Zweig Rosmarin

Die Oliven, die Chiliflocken, den Knoblauch und den Rosmarin in erhitztem Olivenöl unter ständigem Rühren etwa 10 Minuten weichdünsten. Die Oliven in einer Schüssel anrichten und noch warm servieren. Ein köstlicher Snack vor dem Abendessen.
(Für 4 Portionen)

peperoni arrostiti
Gegrillte Paprikaschoten

10–12 längliche rote Paprikaschoten
3 EL natives Olivenöl extra
1 Handvoll Basilikumblätter
Meersalz
4 Sardellenfilets oder 2 EL Kapern, gewässert

Die Paprikaschoten auf einem Backblech verteilen und im vorgeheizten Ofen 30–40 Minuten backen, dabei ein- bis zweimal wenden. Wenn die Haut anfängt, schwarz zu werden, herausnehmen und in einer Schüssel abgedeckt mit Frischhaltefolie abkühlen lassen, dann schälen.

Die Schoten grob hacken und zusammen mit Öl, Basilikumblättern, Meersalz und Sardellen oder Kapern (nicht mit beidem, sonst wird der Geschmack zu intensiv) vorsichtig mischen.
(Für 6 Portionen)

favi fritti
Gebratene dicke Bohnen

500 g getrocknete dicke Bohnen
250 ml Pflanzenöl
Meersalz
Chili- oder Paprikapulver

Die dicken Bohnen 2 Tage in reichlich Wasser einweichen, zwischendurch einmal das Einweichwasser erneuern. Die eingeweichten Bohnen abtropfen lassen und schälen (mit ein bisschen Hilfe ist das schnell gemacht). Nach dem Entfernen der Außenhaut die Bohnen vorsichtig auseinanderziehen. Die Bohnenkerne auf einem trockenen Geschirrtuch ausbreiten und mit einem zweiten Geschirrtuch abtupfen. Ich lasse sie so über Nacht trocknen.

Einen kleinen, hohen Topf zur Hälfte mit dem Pflanzenöl füllen, auf 180 °C erhitzen (probeweise eine Bohne hineingeben – wenn sie brutzelt , ist das Fett heiß genug). Beim Frittieren sehr vorsichtig vorgehen, da das Öl sehr heiß ist und spritzen kann. Die Bohnen aufgeteilt in mehrere Portionen etwa jeweils 5 Minuten goldbraun frittieren, zwischendurch etwas umrühren, damit sie sich gleichmäßig im Fett verteilen (sollten die Bohnen zu schnell bräunen, die Temperatur etwas reduzieren). Die Bohnen auf Küchenpapier abtropfen lassen und, solange sie noch lauwarm sind, in einer Schüssel mit Meersalz und Chili- oder Paprikapulver mischen. In einem luftdicht verschlossenen Behälter halten sie sich 2–3 Monate.

insalata di orzo

Gerstensalat

Dieser Salat kann auf einem gemischten Vorspeisenteller oder als Beilage zu einer Hauptmahlzeit gereicht werden. Üblicherweise bereitet eine sizilianische Köchin den Salat gerne mit Graupen aus Weizen zu, aber auch Gerstengraupen sind gut geeignet. Diese werden mindestens 24 Stunden eingeweicht und anschließend etwa 3 Stunden gekocht. Zum Schluss mit allen anderen Zutaten mischen.

250 g Graupen
1 Knoblauchzehe, zerdrückt
3 große, reife Tomaten, feingehackt
½ rote Zwiebel, sehr feingehackt
3 EL Minze, gehackt
125 ml natives Olivenöl extra
3 EL Rotweinessig oder Zitronensaft, frischgepresst
Meersalz
frischgemahlener Pfeffer

Die Graupen über Nacht einweichen, am nächsten Tag in einem Durchschlag gut abtropfen lassen, dann in reichlich Wasser etwa 20–30 Minuten weichkochen. Das Wasser abgießen, die weichen Graupen abtropfen lassen, mit kaltem Wasser abspülen und vor der weiteren Verwendung vollständig erkalten lassen.

Die abgekühlten Graupen mit dem Knoblauch, den Tomaten, den Zwiebeln und der Minze vermengen. Alles mit dem Olivenöl und dem Essig vermengen, mit Meersalz und Pfeffer abschmecken und über den Salat geben. Den Gerstensalat zimmerwarm servieren.
(Für 6 Portionen)

ricotta fritta
Gebratener Ricotta

Wenn ich mit Ricotta koche, bevorzuge ich die großen runden Stücke, die im Feinkostgeschäft angeboten werden. Diese erscheinen mir fester als Ricotta aus den kleinen Verpackungen. Wer nur solchen aus kleinen Verpackungen bekommt, sollte ihn über Nacht in einem Durchschlag gut abtropfen lassen, damit so viel Flüssigkeit wie möglich austritt.

300 g frischer, fester Ricotta
4 EL natives Olivenöl extra
2 Eier, leicht verquirlt

Den Ricotta in kleine flache Stücke schneiden. Das Olivenöl bei mittlerer Temperatur in einer beschichteten Pfanne erhitzen. Die Ricottastücke in die verquirlten Eier tauchen und portionsweise in das heiße Öl geben, mit etwas Meersalz bestreuen und in etwa 2 Minuten goldbraun braten.

Den Ricotta wenden, nochmals salzen und auf der zweiten Seite ebenfalls goldbraun braten. Die Stücke auf einem mit Küchenpapier ausgelegten Teller abtropfen lassen, bis alles gebraten ist. Den gebratenen Ricotta heiß oder lauwarm auf einem Antipasto-Teller, als Beilage oder auch auf einem Sandwich servieren.
(Für 6 Portionen)

frittata
Italienisches Omelett

Als ich ein Kind war, bekamen wir übriggebliebenes Gemüse mit Ei oft als Restemahlzeit vorgesetzt. In einem sizilianischen Haushalt wurde nichts verschwendet, alle Reste von Spargel, Zucchini, Fenchel, Radicchio, Erbsen und sogar Zwiebeln wurden verwendet. Größere Gemüsestücke sollten Sie klein hacken, damit die Frittata anschließend leicht zu schneiden ist. Eine Frittata ist sehr dünn, das Ei soll das Gemüse nur zusammenhalten. Hier stelle ich ein Grundrezept vor, es lässt sich mit beliebigen Gemüsesorten variieren. Sehr lecker sind Frittatas mit Erbsen und Prosciutto oder Zucchini mit gehobeltem Parmesan. Frittata ist auch ein wunderbarer Pausenimbiss für die Schule.

4 EL natives Olivenöl extra
ca. 500 g gekochtes Gemüse, gehackt
Meersalz
frischgemahlener Pfeffer
4 Eier, leicht verquirlt
2 EL frischgeriebener Parmesan

Das Olivenöl in einer beschichteten Pfanne (mit ca. 20 cm Durchmesser) erhitzen. Das Gemüse in das heiße Öl geben, nach Belieben mit Meersalz und Pfeffer abschmecken und gleichmäßig auf dem Pfannenboden verteilen. Die Eier mit dem Parmesan mischen und gleichmäßig auf dem Gemüse verteilen. Die Hitze auf mittlere Temperatur reduzieren und die Frittata mit dem Ei etwa 5 Minuten stocken lassen. Ich drücke den Rand der Frittata mit dem Pfannenwender meist etwas hoch, sodass die Eimischung darunterfließt.

Die Frittata dann entweder 5 Minuten in den vorgeheizten Backofen geben, bis das Ei an der Oberfläche fest ist, oder mit Hilfe eines Tellers wenden und in der Pfanne fertigbraten. In der Pfanne wird die Frittata nicht so trocken, den Trick mit dem Wenden hat man bald heraus. So oder so schmeckt die Frittata einfach köstlich.
(Für 2–4 Portionen)

pasta per pizza o pane
Pizza- oder Brotteig

30 g frische Hefe oder 2 Päckchen Trockenhefe (à 7 g)
2 TL Zucker
700 g Weizenmehl (Type 405) oder italienisches Pizzamehl
2–3 TL Meersalz
5 EL natives Olivenöl extra

Für den Vorteig die frische Hefe zerkleinern und zusammen mit dem Zucker unter Rühren in 185 ml Wasser auflösen. (Wird Trockenhefe verwendet, das Wasser mit dem Zucker mischen und die Trockenhefe darüberstreuen.) Die Hefemischung an einem warmen Ort 10–15 Minuten lang gehen lassen, bis sich Blasen bilden.

Das Mehl und das Meersalz in eine große Schüssel sieben und in die Mitte eine kleine Mulde drücken. Den Vorteig, das Olivenöl und weitere 185 ml Wasser hineingeben und alles mit den Händen mischen. Ist der Teig zu feucht, noch etwas Mehl hinzufügen, ist er zu trocken, noch etwas Wasser dazugeben. Den Teig, am besten mit den Händen, kneten, bis er glatt und elastisch ist und nicht mehr klebt (gegebenenfalls noch etwas Mehl hinzufügen). Ich knete den Teig normalerweise in der Schüssel, es geht aber auch auf einer bemehlten Arbeitsfläche. Den Teig danach wieder in die Schüssel geben.

Den Teig zu einer Kugel formen und die Schüssel mit einem einmal zusammengefalteten feuchten Geschirrtuch abdecken. Den Teig an einem warmen Ort etwa 1 ½ Stunden gehen lassen, bis er sein Volumen verdoppelt hat.
(Für 2 große Pizzableche)

SPECIALITA
Ragusa, 2/D - Tel.

schiaciatta

Brokkoli in Brotteig

Schiaciatta ist ein traditionelles sizilianisches Gericht. Manche sizilianische Köchin gibt einige Scheiben rohe Kartoffeln auf den Teig, bevor sie den Brokkoli darauf verteilt.

3 Köpfe Brokkoli
6 Frühlingszwiebeln, in feine Ringe geschnitten
100 g frischgeriebener Parmesan
125 ml Olivenöl plus 3 EL zum Bestreichen
6 Sardellenfilets (nach Belieben)
½ TL Chiliflocken (nach Belieben)
1 Portion Pizzateig (siehe Seite 38)

Den Backofen auf 190 °C vorheizen. Den Brokkoli kleinschneiden, etwas vom Strunk entfernen, aber nicht zu viel. Den Brokkoli waschen, abtropfen lassen und mit den Frühlingszwiebeln, dem Parmesan, 125 ml Olivenöl, den Sardellen und gegebenenfalls Chiliflocken mischen. Salzen und pfeffern und alles gründlich mit den Händen vermischen.

Den Pizzateig halbieren. Eine Hälfte auf die Größe der Backform (30 x 35 cm) ausrollen. Die Backform mit etwas Olivenöl auspinseln und mit dem Teig auslegen, den Teig dabei mit den Händen vorsichtig ausziehen. Den Brokkoli vorsichtig auf dem Teig verteilen (der Brokkoli verliert beim Garen an Volumen), dabei ringsum einen Rand freilassen.

Die zweite Teighälfte ausrollen und auf den Brokkoli legen. Den Teig ringsum festdrücken, dabei sollten keine Lücken bleiben, da der Brokkoli im Teig durch den entstehenden Dampf gegart wird.

Die Teigoberfläche mit Olivenöl bestreichen und im vorgeheizten Backofen 1–1 ¼ Stunden goldbraun backen. Die fertige Schiaciatta aus dem Backofen nehmen und vor dem Aufschneiden und Servieren mindestens 30 Minuten ruhen lassen. Sie schmeckt sowohl warm als auch kalt.
(Für 12 Portionen oder 6 Portionen als Hauptmahlzeit)

pane fritto

Brot aus der Pfanne

Dieses Brot können Sie in verschiedenen Formen und Größen zubereiten. Ich forme in der Regel etwa 3 cm breite und 12 cm lange Streifen.

½ Portion Brotteig (siehe Seite 38)
Sardellenfilets (nach Belieben)
natives Olivenöl extra zum Braten
hochwertiges Meersalz

Den Teig in kleine Stücke teilen und mit den Fingern flachdrücken (die Hände bemehlen, damit der Teig nicht daran festklebt). Wer Sardellen verwendet, macht die Teigstücke etwas größer, legt je 1 Sardellenfilet in die Mitte, klappt den Teig zusammen und drückt die Tasche fest.

Reichlich Olivenöl in einer beschichteten Pfanne erhitzen und die Teigstücke darin portionsweise etwa 2 Minuten braten. Wenn sie beginnen, braun zu werden und zu brutzeln, wenden und von der anderen Seite braten. Brennen sie an, die Temperatur etwas reduzieren.

Die Brotstücke mit Meersalz bestreuen und sofort servieren, sie schmecken pur oder als Beilage zu einer Hauptmahlzeit.
(Für 6–8 Portionen)

26
APRILE

Meine Mutter war am Boden zerstört, als ihre Familie auswanderte. Dieses Foto entstand in einem wunderschönen Park unserer Heimatstadt Catania. Die beiden Brüder meiner Mutter, Carmelo und Mario, waren damals schon fast auf dem Weg nach Australien. Nach zwei Jahren hielten wir es nicht länger aus, und auch wir folgten dem Rest unserer Familie nach Australien.

salami

Sizilianer lieben es, ihre Salami selbst zu machen. In Australien kommen wir dafür an zwei Tagen bei Vollmond im Juni zusammen. Salami muss bei kühlem Wetter gemacht werden, damit sie beim Abhängen nicht schlecht wird. Wir treffen uns zur Salamiherstellung mit meinen Eltern, Brüdern und ihren Partnern, unseren Kindern und Freunden und haben alle großen Spaß dabei.

In Sizilien wurden Schweine traditionell einzig zur Salamiherstellung gemästet. Hier in Australien kaufen wir unser Fleisch von guten Fleischern, die auch selbst Salami herstellen. Die Schweine haben in der Regel ein Schlachtgewicht von 200 kg. Wenn wir die Haut entfernt und die Knochen ausgelöst haben, bleiben 90–100 kg Fleisch übrig. Es wird durch den Fleischwolf gedreht, gesalzen und gewürzt und 15 Minuten von Hand gemischt, anschließend muss es über Nacht ruhen.

In einem großen Topf auf dem Herd bereitete meine Mutter aus Knochen und Haut einen sülzeartigen Laib und anschließend Speck zu. Als meine Großmutter noch lebte, wurde aus den Resten Seife gemacht, die zwar grau und übelriechend, aber sehr wirkungsvoll war (bei uns wurde nichts verschwendet).

Am darauffolgenden Tag füllen wir gesäuberte Därme mit dem gewürzten Fleisch und binden die Würste zusammen, um sie aufhängen zu können. Die dünneren hängen 4–6 Wochen, die größeren bis zu 12 Wochen ab. Wir hängen sie in der Garage meines Vaters auf, ein beeindruckender Anblick. Wir teilen unseren Vorrat immer gerne mit der Familie und Freunden und versuchen gleichzeitig, genau bis zum nächsten Jahr damit auszukommen. Es ist uns noch nie geglückt.

S

salami con finocchio
Fenchelsalami

6 kg Schweinefleisch, grob durchgedreht
2 kg Schweinefett, feingehackt
240 g Meersalz (in der Regel 30 g pro 1 kg Fleisch)
zerstoßener schwarzer Pfeffer (nach Belieben)
Chiliflocken (nach Belieben)
Fenchelsamen, ganz oder gemahlen (nach Belieben)
Wurstdärme (vom Fleischer), über Nacht eingeweicht
Saft von 4 Zitronen

Für die Gewürze habe ich keine konkreten Mengenangaben gemacht, da das Geschmackssache ist. Fleisch, Fett, Meersalz, Pfeffer, Chiliflocken und Fenchelsamen vermengen und alles mindestens 3 Stunden oder über Nacht ruhen lassen.

Dann eine kleine Portion der Mischung in der Pfanne braten und kosten, ob sie die gewünschte Würze hat. Die Mischung wird sehr salzig schmecken, denn Salz konserviert die Würste.

Die Wurstdärme bekommt man beim Fleischer, muss sie aber unter Umständen vorbestellen. Die Därme vorsichtig mit frischem Wasser und Zitronensaft ausspülen und bis zum Befüllen im Wasser lassen, damit sie solange feucht bleiben.

Für das Befüllen wird ein besonderer Aufsatz für den Fleischwolf benötigt. Vorsichtig und langsam vorgehen, es dürfen keine Luftblasen entstehen, da das Fleisch sonst oxidiert und schlecht wird. Anschließend die Enden zusammenbinden und die Hülle mit einer Nähnadel ringsum anstechen, damit gegebenenfalls enthaltene Luft austreten kann.

Die Salami sollte in einem luftigen Raum – einer Garage oder einem Keller – zwischen 6 Wochen und 3 Monaten abhängen, je nachdem, welche Wurstdärme verwendet wurden. Die Salami sollte sich fest anfühlen, wenn sie reif ist. Nach dem Abhängen werden die Würste vakuumiert und kühl aufbewahrt (sie müssen nicht gekühlt werden). Mit diesem Rezept lassen sich auch herrliche Würstchen herstellen, dafür wird die Salzmenge halbiert. Diese Würste können tiefgekühlt werden.

In Sizilien trugen wir in der Schule alle blaue Kittel über unseren Kleidern. Als ich nach Australien kam, war ich trotz meiner sieben Jahre so klein, dass mich die Lehrer jünger einschätzten und ich in eine Vorschulklasse kam. Die unterrichtende Nonne malte ein großes »A« auf ein Papier und bedeutete mir, es ihr nachzutun. Alle waren sehr beeindruckt, als ich es perfekt nachschrieb. Ich war überrascht und über das Lob nicht gerade erfreut, denn ich hatte in Sizilien bereits eigene Geschichten in Schreibschrift geschrieben.

brodo

In meiner Kindheit gab es zu Hause oft eher gehaltvolle Suppen: Herzhaft und dick waren sie, meist mit viel Gemüse. Im Winter, wenn es nicht so viel frisches Gemüse gab, kamen auch Linsen, Kichererbsen oder getrocknete Bohnen dazu.

zuppa di ceci, porri e patate

Gemüsesuppe mit Kichererbsen, Lauch und Kartoffeln

Kichererbsen sind nicht gleich Kichererbsen. Ich habe festgestellt, dass einige Sorten aus dem Supermarkt zäh sind und sich nicht gut kochen lassen. Daher kaufe ich Kichererbsen nur in guten Feinkostgeschäften. Auch wenn ich eine Kochzeit von 1 Stunde empfehle, sollten Sie zwischendurch immer wieder kosten, da die Garzeit sehr unterschiedlich ausfällt. In meiner Familie herrscht der Aberglaube, Kichererbsen oder anderes Gemüse dürfe nur mit einem Holzlöffel umgerührt werden, ein Metalllöffel würde sie zäh werden lassen. (Ich bin überhaupt nicht abergläubisch, verwende aber trotzdem immer nur einen Holzlöffel!) Salzen oder nicht salzen? Manche Menschen salzen Gemüse erst kurz vor Ende der Garzeit, da sie glauben, es werde sonst zäh. Ich bin überzeugt, dass man nach der Hälfte der Garzeit salzen sollte, da das Gemüse so das Salz aufnimmt und würziger wird.

660 g getrocknete Kichererbsen
3 EL natives Olivenöl extra
1 große Zwiebel, gewürfelt
4 Stangen Lauch, in dünne Ringe geschnitten
3 Kartoffeln (vorwiegend festkochend), geschält und gewürfelt
Meersalz
frischgemahlener Pfeffer
natives Olivenöl extra zum Servieren

Die Kichererbsen über Nacht in etwa 3 l kaltem Wasser einweichen, dann abtropfen lassen und mit 3 l frischem kalten Wasser in einen Topf geben und aufkochen. Die Temperatur reduzieren und die Kichererbsen etwa 1 Stunde köcheln lassen.

In der Zwischenzeit das Olivenöl in einer großen Pfanne erhitzen. Die Zwiebeln und den Lauch in dem heißen Öl etwa 15 Minuten weichdünsten. Die Kichererbsen und die Kartoffeln hinzufügen, mit Meersalz und Pfeffer abschmecken und die Suppe bei mittlerer Temperatur weitere 30 Minuten garen. Ich beträufle diese Suppe vor dem Servieren gerne mit Olivenöl. (Für 6 Portionen)

zuppa di piselli e carciofi

Erbsen-Artischocken-Suppe

8 Artischocken
2 Zitronen, ungespritzt
125 ml natives Olivenöl extra
2 Zwiebeln, feingehackt
1 kg Erbsen (tiefgekühlt)
Meersalz
frischgemahlener Pfeffer
natives Olivenöl extra zum Servieren

Die Hüllblätter der Artischocken entfernen, bis die Blätter mit zarten gelben Ansätzen zu sehen sind. Den Stiel um den Ansatz herum vorsichtig schälen, dabei 2–3 cm stehen lassen. Die Artischocken halbieren und das Heu entfernen. Die Artischocken in eine Schüssel mit Wasser, dem Saft der Zitronen (am besten auch mit den Zitronen selbst) einlegen.

Das Olivenöl in einem Topf erhitzen, die Zwiebeln darin anschwitzen. Die Artischocken abtropfen lassen, in dünne Scheiben schneiden und dazugeben.

Die Erbsen kurz abspülen, in die Pfanne geben und gründlich umrühren. 15 Minuten garen, bei reduzierter Temperatur 250 ml Wasser hinzufügen und abgedeckt etwa 1 Stunde köcheln lassen. Das Geheimnis dieses Rezepts ist, das Gemüse nur im eigenen Saft zu garen. Ab und zu eventuell Wasser angießen. Die Suppe nach etwa 1 Stunde mit 2–3 l heißem Wasser auffüllen und nochmals 30 Minuten kochen. Mit Salz und Pfeffer abschmecken, mit dem Olivenöl beträufeln. (Für 6–8 Portionen)

zuppa con broccoli e patate

Brokkoli-Kartoffel-Suppe

1 kg Brokkoli
125 ml natives Olivenöl extra
1 große Zwiebel, feingehackt
1 Knoblauchzehe, feingehackt
2 Stangen Lauch, in dünne Scheiben geschnitten
4 Kartoffeln (vorwiegend festkochend), geschält und gewürfelt
Meersalz

Den Brokkoli waschen, in seine Röschen teilen und kleinschneiden. Den Strunk feinhacken. Das Olivenöl in einem großen Topf erhitzen. Darin die Zwiebel, den Knoblauch, den Lauch gemeinsam mit dem Brokkolistrunk etwa 15 Minuten dünsten, bis der Strunk weich ist. Dabei häufig umrühren. Damit das Gemüse nicht ansetzt, gegebenenfalls nach und nach noch 50 ml Wasser hinzufügen.

Die Brokkoliröschen und die Kartoffeln hinzufügen, etwa 10 Minuten garen, alles mit Wasser bedecken, salzen und 30 Minuten köcheln lassen. Es schadet nicht, wenn die Suppe etwas zu lange kocht, das Aroma wird umso besser.

(Für 6 Portionen)

WATERFORD

minestra di lenticchie e pasta

Linsensuppe mit Nudeln

4 EL natives Olivenöl extra
1 Zwiebel, feingehackt
3 Stangen Staudensellerie, feingehackt
1 Karotte, feingehackt
500 g Linsen
Meersalz
250 g kleine Pasta
2 kleine Köpfe Brokkoli oder ½ Bund (250–300 g) Mangold, feingehackt
natives Olivenöl extra zum Servieren

Das Olivenöl bei mittlerer Temperatur in einem großen Topf erhitzen. Die Zwiebeln, den Staudensellerie und die Karotte darin etwa 10 Minuten dünsten.

In der Zwischenzeit die Linsen unter kaltem Wasser abspülen und gut abtropfen lassen. Die Linsen zum Gemüse geben und 5 Minuten mitgaren. Anschließend 3½ l Wasser angießen und aufkochen. Die Hitze auf mittlere Temperatur reduzieren, die Suppe salzen und abgedeckt für etwa 45 Minuten köcheln lassen.

Die Pasta und den Brokkoli (oder den Mangold) hinzufügen und in der Suppe weichgaren. Die fertige Suppe mit etwas extra nativem Olivenöl beträufeln und servieren.
(Für 6–8 Portionen)

zuppa di zucchine e patate
Zucchini-Kartoffel-Suppe

Mit einer Pastaeinlage ist diese Suppe eine vollwertige Hauptmahlzeit. Dazu kurz vor Ende der Garzeit etwa 120 g Suppennudeln hinzufügen und aufkochen.

125 ml natives Olivenöl extra
1 rote Zwiebel, feingehackt
800–900 g Zucchini, gewürfelt
500 g Kartoffeln, geschält und gewürfelt
400 g gehackte Tomaten aus der Dose
Meersalz
frischgemahlener Pfeffer
frischgeriebener Parmesan zum Servieren

Das Olivenöl bei mittlerer Temperatur in einem Topf erhitzen. Die Zwiebel, die Zucchini und die Kartoffeln darin etwa 5 Minuten andünsten. Die Tomaten hinzufügen und alles mit Meersalz und Pfeffer würzen. Das Geheimnis dieses Rezepts ist das langsame Garen des Gemüses im eigenen Saft. Dafür die Suppe bei milder Hitze abgedeckt etwa 30 Minuten köcheln lassen.

Dann gerade so viel Wasser hinzufügen, dass das Gemüse bedeckt ist und eine suppenartige Konsistenz entsteht (wer dicke Suppen mag, nimmt weniger Wasser, wer es lieber dünnflüssiger mag, entsprechend mehr). Die Suppe weitere 15 Minuten sachte köcheln lassen, dann nach Belieben würzen und mit etwas Parmesan bestreut servieren.
(Für 6 Portionen)

LESSONS IN COOKERY

zuppa di finocchio e pancetta

Fenchelsuppe mit Pancetta

Ich verwende Fenchel nur, wenn er gerade Saison hat. Er ist zwar das ganze Jahr über erhältlich, aber außerhalb der Saison sind mir die Knollen zu klein, zu wenig zart und zu wenig aromatisch. Fenchel hat männliche und weibliche Knollen, die runden sind die weiblichen, die länglicheren die männlichen. Weibliche Knollen sind süßer.

3–4 Fenchelknollen (je nach Größe)
125 ml natives Olivenöl extra
1 Zwiebel, feingehackt
150 g Pancetta (oder Speck oder Schinken), gewürfelt
440 g gehackte Tomaten aus der Dose
Meersalz
frischgeriebener Parmesan und natives Olivenöl extra zum Servieren

Die Fenchelknollen von den äußeren Blätter befreien, halbieren und jede Hälfte in kleine Stücke schneiden.

Das Olivenöl bei mittlerer Temperatur erhitzen und die Zwiebel darin etwa 2 Minuten anschwitzen. Den Pancetta hinzufügen und etwa 10 Minuten bräunen. Den kleingeschnittenen Fenchel dazugeben und unter Rühren nochmals 5 Minuten garen.

Die Tomaten hinzufügen, umrühren und 30–40 Minuten köcheln lassen, bis der Fenchel weich ist. Dann ausreichend Wasser angießen, sodass der Fenchel bedeckt ist (etwa 2 l) und aufkochen lassen. Nach Belieben mit Salz abschmecken. Die Suppe mit dem Parmesan bestreuen und mit etwas Olivenöl beträufelt servieren.
(Für 6 Portionen)

brodo di pollo con tortellini e polpettini

Tortellini in Geflügelfond mit Fleischbällchen

1 großes Suppenhuhn
3 Karotten, geviertelt
4 Stangen Staudensellerie mit Blättern, grob gehackt
2 Zwiebeln, geschält und halbiert
Stängel von ½ Bund glatter Petersilie
250 g Tortellini
frischgeriebener Parmesan zum Servieren

FLEISCHBÄLLCHEN
40 g frische Weißbrotbrösel
3 EL frischgeriebener Parmesan
2 EL glatte Petersilienblätter, gehackt
1 Ei, leicht verquirlt
Meersalz
frischgemahlener Pfeffer

Das Bruststück vom Suppenhuhn trennen (kann auch der Metzger machen) und beiseitelegen. Das Huhn mit den Karotten, dem Staudensellerie, Zwiebeln, Petersilienstängeln mit 6–8 l kaltem Wasser in einem großen Topf aufkochen. Dann die Temperatur reduzieren und bei milder Hitze etwa 2 Stunden köcheln lassen, dabei von Zeit zu Zeit abschäumen. Den Fond etwas abkühlen lassen und durch ein Sieb gießen. Ich löse gerne noch etwas Fleisch von den Hühnerknochen ab und gebe es zusammen mit etwas Staudensellerie und Karotte in den Fond.

Zwischenzeitlich die Hühnerbrust ohne Haut durch den Fleischwolf drehen. Die Weißbrotbrösel, den Parmesan, die Petersilienblätter sowie das Ei hinzufügen und etwa 1 Minute durchkneten, dann Meersalz und Pfeffer zugeben. Aus der Masse murmelgroße Kugeln formen.

Den Fond aufkochen, die Tortellini hinzufügen und nach der Hälfte der Tortellini-Garzeit die Fleischbällchen dazugeben. Suppe gegebenenfalls nochmals würzen und mit Parmesan servieren. (Für eine Vorspeise nur einige Bällchen in die Suppe geben, den Rest einfrieren.)
(Für 6 Portionen)

SE TUTTI
I CORNUTI
PORTASSERO
UN LAMPIONE,
MISERICORDIA!
CHE
ILLUMINAZIONE
ANNO
a Cuore
ANNO
a Culo
ANNO
in Culo

zuppa di borlotti
Borlottibohnensuppe

Frische Borlottibohnen bekommt man bei gutsortierten Gemüsehändlern. Es dauert zwar eine Weile, sie zu enthülsen, aber die Mühe lohnt sich wirklich. Mit etwas Pasta wird die Suppe noch herzhafter. Dazu kurz vor Ende der Garzeit die Suppe nochmals aufkochen, eine Handvoll Suppennudeln (ca. 120 g) hinzufügen und al dente garen.

2 kg frische Borlottibohnen
3 EL natives Olivenöl extra
1 große Zwiebel, feingehackt
3 Stangen Staudensellerie, feingehackt
1 große Karotte, feingehackt
½ Fenchelknolle mit Grün, feingehackt (nach Belieben)
Meersalz
frischgemahlener Pfeffer
natives Olivenöl extra zum Servieren

Die Bohnen enthülsen, kalt abspülen, abtropfen lassen und beiseitestellen. Das Olivenöl in einem großen Topf bei mittlerer Temperatur erhitzen. Die Zwiebeln, den Staudensellerie, die Karotte und gegebenenfalls den Fenchel darin etwa 15 Minuten dünsten, bis die Zwiebeln glasig sind. Die Bohnen hinzufügen und 5 Minuten mitgaren (sie sollten nicht bräunen, nur dünsten). Anschließend 2–3 l Wasser angießen, würzen und alles etwa 1–1 ½ Stunden garen, bis die Bohnen weich sind.

Die Suppe mit etwas extra nativem Olivenöl beträufeln und servieren.
(Für 6 Portionen)

brodo di carne con risoni

Fleischbrühe mit Risoni

Die Menge habe ich hier so großzügig berechnet, dass die Hälfte eingefroren werden kann. Ich habe immer Fleisch und Hühnerfond im Gefrierschrank, damit ich bei Bedarf ein schnelles Essen parat habe. Wenn die Brühe fast fertig ist, den Fond nochmals aufkochen, die Pasta hinzufügen und al dente garen.

3 Karotten, grob gehackt
4 Stangen Staudensellerie, grob gehackt
2 Zwiebeln, geschält und geviertelt
3 Kalbshaxen
2 Beinscheiben vom Lamm
2 Beinscheiben vom Kalb
4 frische Lorbeerblätter
10 schwarze Pfefferkörner
100 g Risoni (reisförmige Pasta aus Hartweizen)

Den Backofen auf 200 °C vorheizen. Das Gemüse in einer Bratform verteilen, das Fleisch darauflegen und im Backofen etwa 45 Minuten garen. Die Form aus dem Ofen nehmen und alles in einen ausreichend großen Topf umfüllen. So viel Wasser angießen, bis das Fleisch etwa 5 cm hoch bedeckt ist. Die Lorbeerblätter und die Pfefferkörner hinzufügen, alles würzen und etwa 3 Stunden köcheln lassen, zwischendurch gegebenenfalls abschäumen.

Den Fond dann auskühlen lassen, durch ein Sieb gießen und wieder in den Topf geben. Etwas Fleisch zerpflücken (nicht zu viel) und wieder in die Flüssigkeit geben. Die Brühe nochmals aufkochen, die Pasta hinzufügen und al dente garen. Die Brühe abschmecken und servieren.
(Für 6 Portionen und 6 Portionen zum Einfrieren)

pasta e piselli
Pasta mit Erbsen

Dieser Eintopf ist sehr einfach und preisgünstig. Was Gemüse angeht, verwende ich nur Erbsen aus dem Gefrierschrank, sie sind besonders lecker und im Handumdrehen zuzubereiten. Ich habe daher immer tiefgekühlte Erbsen vorrätig. Man kann sie bei diesem Rezept auch durch dicke Bohnen ersetzen, die Zubereitung bleibt gleich.

3 EL natives Olivenöl extra
3 Frühlingszwiebeln, feingehackt
1 kg Erbsen (tiefgekühlt)
Meersalz
500 g Ditalini (kurze Röhrchennudeln) oder andere kleine Pasta
natives Olivenöl extra zum Servieren

Das Olivenöl bei mittlerer Temperatur in einem großen Topf erhitzen und die Frühlingszwiebeln darin etwa 2 Minuten anschwitzen.

In der Zwischenzeit die gefrorenen Erbsen in einem Durchschlag kalt abspülen. Die Erbsen in den Topf geben, salzen und alles abgedeckt bei milder Hitze garen, dabei gelegentlich umrühren. Werden die Erbsen zu trocken, nach und nach etwa 100 ml Wasser hinzufügen. Das Geheimnis dieses Rezepts ist es, die Erbsen in möglichst wenig Wasser zu garen, und zwar am besten nur in ihrem eigenen Saft. Es sollte nur so viel Wasser hinzugefügt werden, dass sie nicht ansetzen. So noch etwa weitere 30 Minuten verfahren, bis die Erbsen sehr weich und süß sind und beinahe zerfallen.

Zum Schluss 3 l Wasser angießen und die Temperatur erhöhen. Dann die Pasta in die kochende Suppe geben (wer es flüssiger mag, verwendet nur die halbe Menge). Ich beträufle die Suppe vor dem Servieren gerne mit etwas extra nativem Olivenöl.
(Für 6 Portionen)

Mein Kleid war aus dem allerschönsten roten Samt. Meine Mutter hatte es genäht; immer war – und ist – sie am Stricken, Häkeln, Nähen und Malen. Viele meiner Kleider wurden von meiner Mutter oder ihren Schwestern gemacht. Ich dachte mir etwas aus und suchte mir dann jemanden, der es für mich nähte. Einmal bat ich meine Tante, mir ein aprikosenfarbiges Samtkleid mit Puffärmeln und einem Besatz aus Marabou-federn zu nähen. Ich hielt mich für wunderhübsch, aber sicherlich dachten alle: ›Da ist wieder dieses komische italienische Mädchen von nebenan.‹

pasta

Wie jedermann weiß, gehört Pasta für die meisten Sizilianer (oder für Italiener generell) täglich auf den Speiseplan. Manchmal sogar mehrmals am Tag. Wir können ohne gar nicht leben. Wir mögen aber dazu keine schweren Saucen; sie müssen einfach und lecker sein, das ist nach unserem Geschmack.

salsa di pomodoro
Einfache Tomatensauce

Ich empfehle Ihnen, diese Sauce etwa 1 Stunde köcheln zu lassen, allerdings wird sie umso süßer, je länger sie kocht. Unser hektisches Alltagsleben verleitet uns dazu, alles ganz schnell zu kochen, was meiner Ansicht nach dazu führt, dass die Gerichte zu wenig Aroma haben. In den Sommermonaten, wenn frische Tomaten in Hülle und Fülle vorhanden sind, verwende ich diese anstelle von Dosentomaten. Die Tomaten werden einfach blanchiert und geschält, gehackt und wie solche aus der Dose verwendet.

125 ml natives Olivenöl extra
1 große rote Zwiebel, gehackt
1 EL glatte Petersilie, gehackt
1 EL Basilikum, gehackt
Meersalz
frischgemahlener Pfeffer
3 x 400 g gehackte Tomaten aus der Dose

Das Olivenöl in einer Pfanne erhitzen und die Zwiebel darin anschwitzen, bis sie weich und beinahe goldbraun ist. Die Kräuter hinzufügen, 30 Sekunden rühren, anschließend die Tomaten dazugeben und mit Salz und Pfeffer abschmecken. Die Sauce abgedeckt bei sehr milder Hitze etwa 1 Stunde köcheln lassen, dabei gelegentlich umrühren. Zur Lieblingspasta servieren.
(Für 6 Portionen)

maccheroni a mano

Hausgemachte Makkaroni

In meiner Kindheit kam die Familie bei besonderen Anlässen immer zusammen, um selbst Makkaroni zu machen. Die Frauen saßen um den Tisch herum und rollten den Teig mit einem langen dünnen Schilfstängel aus (solche, die man an Seeufern findet). Anstelle des Schilfstängels kann man auch sehr dünne Stricknadeln verwenden, die an beiden Enden spitz zulaufen. Ich erinnere mich, dass meine Großmutter drei Makkaroni zu einem Zopf flocht, den man dann am Geburtstag zu essen bekam. Heutzutage machen wir nicht mehr oft Makkaroni, was eigentlich schade ist, denn es hat großen Spaß gemacht, um den Tisch herum zu sitzen und dabei zu plaudern und zu lachen. Besonders kleine Kinder lieben das. Was kann es Schöneres geben, als Zeit miteinander zu verbringen und dann die Früchte der eigenen Arbeit zu genießen?

500 g Weizenmehl (Type 405)
5 Eier, leicht verquirlt
1 Prise Meersalz

Das Mehl auf der Arbeitsplatte aufhäufen, eine Mulde in die Mitte drücken und die Eier und das Salz hineingeben. Alles mit einer Gabel verrühren, bis eine gebundene Masse entsteht.

Die Mischung mit den Händen etwa 10–15 Minuten zu einem glatten und elastischen Teig kneten. (Ist er zu feucht, noch etwas Mehl hinzufügen). Den Teig halbieren und eine Hälfte zu einer langen Rolle (etwa 1 ½ cm Durchmesser) formen. Diese Rolle in 3 cm lange Stücke schneiden. Wichtig ist es, schnell zu arbeiten, da der Teig schnell austrocknet, daher immer nur einige Stücke abschneiden und den restlichen Teig mit einem feuchten Geschirrtuch abdecken. Fertige Makkaroni ebenfalls auf ein feuchtes Geschirrtuch legen.

Eine saubere Arbeitsfläche dünn mit Mehl bestreuen. Eine Stricknadel der Länge nach auf das Teigstück legen. Die Nadel hin- und herrollen, dabei von der Mitte nach außen arbeiten, bis sich der Teig nach und nach um die Nadel wickelt. Die Stricknadel vorsichtig herausziehen und die Makkaroni auf das Geschirrtuch legen. Mit dem restlichen Teig ebenso verfahren.
Reichlich Salzwasser in einem großen Topf aufkochen. Die Makkaroni 2–5 Minuten darin garen. Mit einfachem Fleischragout oder frischer Tomatensauce und Parmesan servieren. Viel Spaß!
(Für 6 Portionen)

ragù

Tomatensauce mit Fleisch

In einem italienischen Haus ist diese herrliche Sauce mit Pasta der Auftakt zum Essen, anschließend folgen ein Fleischgericht und ein Salat. Macht man mit diesem Rezept Lasagne oder Pasta al forno, benötigt man die gesamte Menge. Reste können eingefroren werden. Es müssen auch nicht drei Fleischsorten sein, man kann andere Kombinationen oder nur eine Sorte wählen.

125 ml natives Olivenöl extra
1 große Zwiebel, feingehackt
1 große Karotte, feingehackt
2 Stangen Staudensellerie, feingehackt
1 frische Schweinshaxe
2 Beinscheiben vom Lamm, halbiert
2 Kalbshaxen
125 ml trockener Rotwein
4 frische Lorbeerblätter
2½ l passierte Tomaten aus der Dose
Meersalz
frischgemahlener Pfeffer

Das Olivenöl bei mittlerer Temperatur in einem sehr großen Topf erhitzen und die Zwiebel, die Karotte und den Staudensellerie darin goldbraun braten. Das Fleisch hinzufügen und mitbraten. Alles mit Wein ablöschen, die Lorbeerblätter dazugeben und 10 Minuten garen.

Die passierten Tomaten hinzufügen, mit Salz und Pfeffer abschmecken und alles bei milder Hitze etwa 3 Stunden köcheln lassen. Das Geheimnis von gutem »ragù« ist das langsame, sachte Köcheln, sodass sich das Fleisch von allein vom Knochen löst. Die Knochen entfernen, das Fleisch zerteilt wieder in die Sauce geben und servieren.
(Für 6–8 Portionen)

pasta fritta
Aufgebratene Pasta

400–500 g übriggebliebene Pasta
4 EL natives Olivenöl extra
2 Eier, leicht verquirlt (nach Belieben)
2 EL frischgeriebener Parmesan

In einem sizilianischen Haushalt wird nichts verschwendet, übriggebliebene Pasta wird immer für eine leckere Zwischenmahlzeit verwertet. Am besten passt dazu Tomatensauce.

Das Olivenöl in einer beschichteten Pfanne erhitzen und die Pasta darin unter Rühren etwa 10–15 Minuten rundum knusprig braten. Nach Belieben die verquirlten Eier hinzufügen und stocken lassen. Die Pasta mit etwas Parmesan servieren.
(Für 4 Portionen)

orecchiette con broccoli e acciughe
Orecchiette mit Brokkoli und Sardellen

600 g Brokkoli
125 ml natives Olivenöl extra
6 Sardellenfilets
3 Knoblauchzehen, feingehackt
1 TL Chiliflocken (nach Belieben)
500 g Orecchiette
Meersalz
frischgemahlener Pfeffer
frischgeriebener Parmesan und natives Olivenöl extra zum Servieren

Den Brokkoli kleinschneiden, dabei den Strunk weitgehend entfernen. In einem großen Topf reichlich Salzwasser aufkochen und den Brokkoli darin knapp weichgaren. Den Brokkoli mit einem Schaumlöffel herausheben und das Kochwasser zum Garen der Pasta aufheben.

Das Olivenöl in einer großen beschichteten Pfanne erhitzen und die Sardellenfilets darin unter Rühren anbraten, bis sie zerfallen. (Die Filets sollten nicht braun werden.) Den Knoblauch, den Brokkoli und gegebenenfalls den Chili hinzufügen, umrühren und etwa 10 Minuten mitgaren. Dabei den Brokkoli etwas zerteilen.

In der Zwischenzeit das Kochwasser vom Brokkoli nochmals aufkochen und die Orecchiette darin al dente garen. Die garen Orecchiette abgießen und zu der Brokkolimischung geben. Alles gut durchmengen und abschmecken (wegen der Sardellenfilets müssen Sie nur sparsam salzen). Die Pasta mit etwas Parmesan bestreuen und mit Olivenöl beträufelt servieren.
(Für 4 Portionen oder 6 Portionen als Vorspeise)

ragù di maiale e finocchio

Ragout mit Schweinefleisch und Fenchel

Wer gerne wilden Fenchel sammeln möchte, findet ihn häufig entlang von Bahndämmen oder an Straßenrändern. Er sieht Dill sehr ähnlich und sollte am besten zeitig im Frühjahr geerntet werden, wenn die Knollen jung und zart sind. Danach wird die Pflanze holzig und samt sich aus (jetzt ist die Zeit ideal, um Samen zu ernten). Wenn die Samen im März oder April dick, aber noch nicht trocken sind, können die Blüten gepflückt werden. Sie werden gewaschen, in die Sonne gelegt und eingesammelt, wenn sie trocken sind und vom Stängel abfallen. Wer keinen wilden Fenchel hat, verwendet eine halbe kleine Fenchelknolle (deren äußere Blätter entfernt wurden) mitsamt Grün. Alles wird feingehackt. Schweinswürste mit Fenchel hat jeder gute italienische Fleischer im Angebot. Wer keine auftreiben kann, fügt dem Rezept einfach 2 TL Fenchelsamen hinzu.

4 EL natives Olivenöl extra
1 Zwiebel, feingehackt
1 Knoblauchzehe, feingehackt
150 g junger wilder Fenchel, 15 Minuten gegart und gehackt
6 Schweinswürste mit Fenchel
Meersalz, frischgemahlener Pfeffer
3 x 400 g gehackte Tomaten aus der Dose
500 g gekochte Pasta und frischgeriebener Parmesan zum Servieren

Das Olivenöl in einer Pfanne mit hohen Wänden oder in einem Topf erhitzen. Die Zwiebel, den Knoblauch und den gehackten Fenchel (alternativ die Fenchelsamen) darin bei mittlerer Temperatur 10–15 Minuten weichdünsten und bräunen.

Die Pelle von den Würsten abziehen, das mit der Hand etwas zerkleinerte Brät in die Pfanne geben, umrühren, mit einem Holzkochlöffel weiter zerkleinern und bräunen (wer mag, lässt das Brät auch in großen Stücken zusammen). Die Tomaten hinzufügen, mit Salz und Pfeffer abschmecken, dabei vorsichtig sein, da die Würste unter Umständen sehr salzig sind. Dann die Temperatur reduzieren und alles etwa 1 Stunde köcheln lassen.

Das Ragout mit Ihrer Lieblingspasta und etwas frischgeriebenem Parmesan servieren.
(Für 6 Portionen oder 9 Portionen als Vorspeise)

pasta con cavolfiore
Pasta mit Blumenkohl

1 kleiner Blumenkohl, in Röschen zerteilt
4 EL natives Olivenöl extra
1 kleine rote Zwiebel, feingehackt
4 Sardellenfilets
1 Knoblauchzehe, feingehackt
Chiliflocken (nach Belieben)
Meersalz
frischgemahlener Pfeffer
500 g Penne
frischgeriebener Parmesan oder Pecorino zum Servieren

In einem großen Topf reichlich Salzwasser aufkochen und den Blumenkohl darin weichgaren. Die garen Röschen sollten sich mit einer Gabel anstechen lassen. Den Blumenkohl mit einem Schaumlöffel herausnehmen und das Kochwasser für die Pasta aufheben.

Das Olivenöl in einer großen beschichteten Pfanne erhitzen, die Zwiebel darin weichdünsten und bräunen. Die Sardellenfilets hinzufügen und mit einem Holzlöffel etwas zerkleinern. Den Knoblauch dazugeben und 2 Minuten mitbraten. Zum Schluss den Blumenkohl und gegebenenfalls die Chiliflocken hinzufügen und alles weitere 5 Minuten garen. Anschließend würzen und beiseitestellen.

In der Zwischenzeit die Pasta im Kochwasser des Blumenkohls al dente garen, abtropfen lassen und zu der Blumenkohlmischung geben, leicht vermengen. Vorsichtig abschmecken: wegen der Sardellenfilets sparsam salzen. Die Pasta bestreut mit frischgeriebenem Parmesan oder Pecorino servieren.

(Für 4 Portionen oder 6 Portionen als Vorspeise)

pasta con le zucchine fritte

Pasta mit Tomatensauce und Parmesanzucchini

FRISCHE TOMATENSAUCE
1 kg reife Tomaten
4 EL natives Olivenöl extra
1 Zwiebel, feingehackt
Meersalz, frischgemahlener Pfeffer

PARMESANZUCCHINI
1 große Zucchini
125 ml natives Olivenöl extra
Meersalz
50 g frischgeriebener Parmesan

500 g Spaghetti
2 EL gehacktes Basilikum
frischgeriebener Parmesan zum Servieren

Die Tomaten an der Unterseite kreuzweise einschneiden und in kochendem Wasser 1 Minute blanchieren. Die Tomaten in kaltem Wasser abschrecken, häuten und anschließend feinhacken.

Das Olivenöl in einem beschichteten Topf erhitzen und die Zwiebel bei milder Hitze darin karamellisieren (nichts ist ärgerlicher als rohe Zwiebeln in der Sauce). Die Tomaten hinzufügen, mit Salz und Pfeffer abschmecken und alles etwa 1 Stunde einköcheln lassen. Je länger die Sauce kocht, desto intensiver wird ihr Aroma.

Das Olivenöl in einer beschichteten Pfanne mit großem Durchmesser erhitzen. Die Zucchini in dünne Scheiben schneiden. Die Zucchinischeiben nebeneinander hineinlegen, mit Salz bestreuen und goldbraun braten. Die Scheiben wenden und nochmals bräunen, auf einem Teller anrichten und großzügig mit Parmesan bestreuen.

Die Spaghetti in kochendem Salzwasser al dente garen, abgießen und mit der Tomatensauce und dem Basilikum vermischen. Die Teller mit den Zucchinischeiben in die Tischmitte stellen, 1–2 Scheiben auf jeden Teller geben und zu der Pasta essen. Diese Zucchini können Sie auch auf einem gemischten Vorspeisenteller oder als Beilage für eine Hauptmahlzeit servieren.
(Für 4 Portionen oder 6 Portionen als Vorspeise)

12
PASTA
ITALIANA
3
9
©Forme srl.2004
6

ragù di coniglio
Kaninchenragout

125 ml natives Olivenöl extra
100 g Pancetta (italienischer Bauchspeck vom Schwein) oder Speck am Stück, gewürfelt
2 Zwiebeln, feingehackt
1 kleine Karotte, feingehackt
1 Stange Staudensellerie, feingehackt
1 Kaninchen, in 6–8 Stücke zerlegt
125 ml Weiß- oder Roséwein
4 x 400 g gehackte Tomaten aus der Dose
1 Zweig Rosmarin
Meersalz
frischgemahlener Pfeffer
500 g gekochte Pasta zum Servieren

Das Olivenöl bei mittlerer Temperatur in einem großen Topf erhitzen und die Pancetta darin etwa 3 Minuten anbraten. Anschließend die Zwiebeln, die Karotten und den Staudensellerie hinzufügen und 10 Minuten dünsten.

Das Kaninchenfleisch in den Topf geben und von allen Seiten braun anbraten. Mit dem Wein ablöschen und 5 Minuten weitergaren.

Die Tomaten und den Rosmarin dazugeben, mit Salz und Pfeffer abschmecken und alles aufkochen. Die Temperatur reduzieren und 1–1 ½ Stunden köcheln lassen, bis das Fleisch sich vom Knochen zu lösen beginnt.

Die Fleischstücke aus der Sauce nehmen und etwas abkühlen lassen, anschließend das Fleisch von den Knochen lösen und wieder in die Sauce geben. Dieses herrliche Ragout schmeckt vorzüglich zu Pasta.

(Für 4 Portionen oder 6 Portionen als Vorspeise)

pasta al forno
Überbackene Pasta

Diese Pasta bereite ich gerne schon am Vortag zu und wärme sie wieder auf. So schmeckt sie noch intensiver. Wer mag, kann auch Mozzarellascheiben auf die einzelnen Lagen verteilen. Für eine vegetarische Pasta empfiehlt sich die doppelte Portion Tomatensauce (Seite 84) und einige Lagen gegrillte Aubergine.

SAUCE
125 ml natives Olivenöl extra
1 große Zwiebel, feingehackt
500 g Rinderhackfleisch
2 Beinscheiben vom Lamm oder Kalb oder 3 Kalbshaxen
2,5 kg Tomaten aus der Dose
300 g Erbsen (tiefgekühlt)
1 kg Penne
5 Scheiben Mortadella, gehackt
4 hart gekochte Eier, gehackt
100 g frischgeriebener Parmesan
1 Handvoll Basilikumblätter
2 Eier, leicht verquirlt

Für die Sauce die Hälfte des Olivenöls in einem großen Topf erhitzen und die Zwiebel darin bräunen. Das Hackfleisch hinzufügen, mit Salz und Pfeffer würzen und unter Rühren bräunen.

In der Zwischenzeit das restliche Öl in einer Pfanne erhitzen, die Fleischscheiben darin braun anbraten und zum Hackfleisch geben. Die Tomaten grob pürieren und in den Topf geben. Die gefrorenen Erbsen hinzufügen und alles etwa 2 Stunden garen, bis das Fleisch sich von den Knochen löst. Das Fleisch aus der Sauce nehmen, etwas abkühlen lassen und die Knochen auslösen. Etwa 2–3 Schöpfkellen der Sauce abnehmen und beiseitestellen.

Den Backofen auf 190 °C vorheizen. Die Penne in kochendem Salzwasser einige Minuten kürzer als auf der Packung angegeben garen (da sie später noch gebacken wird). Die Penne abtropfen lassen und einige Löffel Sauce untermischen, damit die Pasta feucht bleibt.

Etwas Sauce auf den Boden einer hohen Auflaufform (etwa 30 x 35 cm) gießen. Eine Lage Penne darauf verteilen und nochmals Sauce darübergießen. Etwas zerkleinertes Fleisch, die Mortadella und die hartgekochten Eier mit reichlich Parmesan und einigen Basilikumblättern darüber verteilen. Weitere Lagen aus Penne, Sauce und Fleisch schichten, mit Penne abschließen.

Die verquirlten Eier mit der beiseitegestellten Sauce mischen und über die Penne geben. Mit Parmesan bestreuen, mit Alufolie abdecken und 40 Minuten backen. Die Alufolie entfernen, die Pasta weitere 10–15 Minuten überbacken.
(Für 12 Portionen)

pasta con le sarde
Pasta mit Sardinen

Ich mache Sardinen gerne selbst küchenfertig (wer das nicht machen möchte, kann das aber auch vom Fischhändler erledigen lassen). Die Sardinen lassen sich gut unter fließendem Wasser schuppen, dann die Hauptgräte am Kopf mit dem Daumen abbrechen und die Innereien mit dem Finger herausholen. Mit dem Daumen an der Hauptgräte entlangfahren und die Sardine öffnen. Am Schwanz angekommen, wird die Gräte vorsichtig herausgezogen. Dann die Sardine aufklappen.

100 g wilder Fenchel
Fenchelgrün oder Dill
3 EL natives Olivenöl extra
60 g trockene Weißbrotbrösel
1 rote Zwiebel, feingehackt
4 Sardellenfilets, gehackt
12 frische Sardinen, gesäubert und aufgeklappt (siehe oben)
85 g Pinienkerne, geröstet
85 g Korinthen, 5 Minuten in heißem Wasser eingeweicht
2 Prisen Safranfäden, in 3 EL heißem Wasser eingeweicht
Meersalz, frischgemahlener Pfeffer
500 g Bucatini (lange Röhrennudeln)
natives Olivenöl extra zum Servieren

Den Fenchel putzen, verlesen und in reichlich kochendem Salzwasser etwa 10 Minuten al dente garen (der Topf muss groß genug sein, damit die Pasta noch hineinpasst). Den Fenschel herausnehmen, abtropfen lassen und feinhacken. Das Kochwasser aufheben.

In einer beschichteten Pfanne 1 EL Olivenöl leicht erwärmen und die Weißbrotbrösel unter ständigem Rühren darin goldbraun braten, dann herausnehmen und beiseitestellen.

Das restliche Olivenöl bei mittlerer Temperatur in der Pfanne erhitzen und die Zwiebel darin anschwitzen. Die Sardellen hinzufügen und 2 Minuten mitbraten, anschließend den Fenchel hinzufügen und alles weitere 5–6 Minuten garen.

Den Pfanneninhalt zur Seite schieben, die Sardinen (gegebenenfalls in mehreren Durchgängen) hineingeben und etwa 20 Sekunden von jeder Seite braten. Die Pinienkerne sowie die abgetropften Korinthen und den Safran mit dem Einweichwasser hinzufügen und aufkochen, dann abschmecken und vom Herd nehmen.

Das Fenchelkochwasser aufkochen und die Pasta darin al dente garen, abschütten, mit der Sardinensauce mischen, dann mit den Weißbrotbröseln bestreuen und mit Olivenöl beträufeln. (Für 4 Portionen oder 6 Portionen als Vorspeise)

cannelloni con cicoria e ricotta

Cannelloni mit Chicorée und Ricotta

Chicorée, eine Unterart der Wilden Zichorie, ist ein beliebtes Wintergemüse. Achten Sie beim Einkauf darauf, dass die Köpfe fest sind und hellgelbe Spitzen haben.

3 Köpfe Chicorée (etwa 800 g)
4 EL natives Olivenöl extra
2 Knoblauchzehen, feingehackt
Meersalz
frischgemahlener Pfeffer
600 g frischer, fester Ricotta
1 Prise Muskatnuss, frischgerieben
100 g frischgeriebener Parmesan
1 Portion Tomatensauce (siehe Seite 84)
250 g frische Lasagneblätter

Reichlich Salzwasser in einem großen Topf aufkochen. Die Chicoréeköpfe von den Strünken befreien und in etwa 2 cm dicke Streifen schneiden. Die Chicoréeköpfe kalt abwaschen, dann in dem kochendem Wasser 5–10 Minuten garen und anschließend abtropfen lassen.

Das Olivenöl bei mittlerer Temperatur in einer Pfanne erhitzen und den Knoblauch darin etwa 30 Sekunden anschwitzen. Den Chicorée hinzufügen, mit Salz und Pfeffer abschmecken und etwa 10–15 Minuten weichdünsten. Dann alles vollständig abkühlen lassen.

Den Ricotta in eine Schüssel geben und mit einer Gabel auflockern. Den Muskat und die Hälfte des Parmesans sowie Salz und Pfeffer hinzufügen und alles gut vermischen. Den abgekühlten Chicorée zu der Ricottamischung geben und alles gut vermengen. Die Lasagneblätter in etwa 12 cm lange Rechtecke schneiden. Den Backofen auf 180 °C vorheizen.

Die Tomatensauce einige Minuten in einem Topf erhitzen. Etwa die Hälfte der Sauce in eine große Auflaufform gießen. Jedes Lasagneblatt mit 2 EL der Ricottamischung füllen und dann aufrollen. Die Canneloni mit der Nahtstelle nach unten nebeneinander in die Auflaufform legen. Weiter so verfahren, bis alle Zutaten verbraucht sind.

Die restliche Tomatensauce und den Parmesan über den Cannelloni verteilen. Die Auflaufform mit Backpapier abdecken, dicht verschließen und im Backofen 1 Stunde backen.
(Für 6 Portionen)

SPECIALITA' GSTRONOMICA
SALUMI E FORMA GI TIPICI LOCALI
di Biagio e Mirella Bisignano
Via Ragusa, 2/D - Tel. 0941 676000
Braidi di Montalbano Elicona

SPECIALITA' GSTRONOMICA
di Biagio e Mirella Bisignano
Via Ragusa, 2/D

pesto siciliano
Sizilianisches Pesto

6 reife Tomaten
100 g blanchierte Mandelkerne
2 Knoblauchzehen
Blätter von 1 großen Bund Basilikum
Blätter von ½ Bund glatter Petersilie
Blätter von ½ Bund Minze
185 ml natives Olivenöl extra
2 TL Chiliflocken
Meersalz
frischgemahlener Pfeffer
500 g Spaghetti
50 g frischgeriebener Parmesan

Jede Tomate an der Unterseite kreuzweise einschneiden und in kochendem Wasser 1 Minute blanchieren, dann in kaltem Wasser abschrecken und häuten. Die gehäuteten Tomaten entkernen und das restliche Tomatenleisch feinhacken.

Die Mandeln in der Küchenmaschine feinmahlen. Anschließend den Knoblauch, die Kräuterblättchen und das Olivenöl hinzufügen, alles zu einer feinen Paste verarbeiten und in einer Schüssel beiseitestellen.

Die Tomaten in der Küchenmaschine weiter zerkleinern. Die Pestomischung sowie die Chiliflocken hinzufügen, mit Salz und Pfeffer abschmecken und alles gründlich mischen.

Reichlich Salzwasser in einem großen Topf aufkochen und die Spaghetti darin al dente garen. Dann die Spaghetti abgießen, abtropfen lassen und mit dem Pesto sowie dem Parmesan mischen. Wer noch mehr Parmesan dazugeben möchte, sollte vorher noch einmal probieren. Sollte das Gericht zu trocken sein, noch etwas Olivenöl daraufträufeln.
(Für 4 Portionen oder 6 Portionen als Vorspeise)

spaghetti al nero di seppia

Spaghetti mit Kalmar in schwarzer Tintensauce

Heben Sie beim Säubern des Kalmars den Tintensack auf. Wer mag, kann Kalmartinte auch fertig abgepackt kaufen und bereits küchenfertigen Kalmar verwenden.

500 g Kalmar mit Tintensäcken
4 EL natives Olivenöl extra
1 rote Zwiebel, feingehackt
2 feingehackte Knoblauchzehen
400 g gehackte Tomaten aus der Dose
Meersalz, frischgemahlener Pfeffer
500 g Spaghetti
2 EL glatte Petersilie, gehackt

Die Fangarme mit dem Kopf und den anhängenden Eingeweiden aus dem Körperbeutel des Kalmars ziehen. Das Tintensäckchen von den Innereien abtrennen. Die Fangarme knapp vor den Augen abschneiden und beiseitelegen, den Rest wegwerfen. Das Fischbein aus der Körperhöhle lösen und diese gründlich ausspülen. Die Flossen seitlich abziehen und beiseitelegen.

Die Haut unter fließendem Wasser vom Körperbeutel abziehen. Löst sich die Haut nicht, den Kalmar auf ein Schneidbrett legen und die Haut mit einem Messer abschaben, anschließend unter fließend Wasser abspülen. Die Fangarme nur gründlich mit kaltem Wasser abspülen und scharfe Teile abstreifen, abtropfen lassen und trockentupfen. Den Kalmar in dünne Streifen, die Fangarme in kleine Stücke schneiden, alles mit einem Geschirrhandtuch trockentupfen.

Das Olivenöl in einer großen Pfanne erhitzen und die Zwiebel darin goldbraun braten. Den Knoblauch hinzufügen und 1 Minute braten, dann den Kalmar dazugeben und bei mittlerer Hitze unter Rühren etwa 15 Minuten goldbraun braten. Nach Bedarf etwas Wasser hinzufügen, sollte der Kalmar am Pfannenboden ansetzen. Anschließend die Tomaten hinzufügen und mit Salz und Pfeffer abschmecken. Alles bei sehr milder Hitze abgedeckt etwa 40 Minuten köcheln lassen, dabei gelegentlich umrühren. Dann die Tinte einrühren und weitere 10 Minuten garen.

In der Zwischenzeit die Pasta in reichlich kochendem Salzwasser al dente garen, dann abschütten, abtropfen lassen, mit der Sauce mischen und mit Petersilie bestreut servieren. Auch ohne Tinte schmeckt die Sauce ganz ausgezeichnet.
(Für 4 Portionen oder 6 Portionen als Vorspeise)

penne con pomodori freschi

Penne mit frischen Tomaten

Dieses einfache Gericht bereite ich zu, wenn ich es eilig und keine Zeit für große Vorbereitungen habe. Es ist im Handumdrehen gemacht.

500 g Penne
4 EL natives Olivenöl extra
3 feingehackte Knoblauchzehen
4 reife Tomaten, gewürfelt
1 TL Chiliflocken
3 EL glatte Petersilie, feingehackt
3 EL natives Olivenöl extra
Meersalz
frischgemahlener Pfeffer
frischgeriebener Parmesan zum Servieren

Die Penne in reichlich Salzwasser al dente garen. In der Zwischenzeit das Olivenöl bei mittlerer Temperatur in einer Pfanne erhitzen und den Knoblauch darin 1 Minute anschwitzen. Die Tomaten und die Chiliflocken hinzufügen und 5 Minuten mitgaren.

Die Penne abschütten, abtropfen lassen, mit den Tomaten, der Petersilie und dem Olivenöl mischen, dann abschmecken. Mit etwas Parmesan bestreut servieren. Das geht doch wirklich schnell und einfach, oder?!
(Für 4 Portionen oder 6 Portionen als Vorspeise)

spaghetti con mollica e cipolline

Spaghetti mit Weißbrotbröseln und Frühlingszwiebeln

Ich bin mir nicht sicher, woher dieses Rezept stammt, es wurde aber bestimmt aus der Not geboren. Sie haben nichts im Vorratsschrank außer altbackenem Brot und ein paar Zwiebeln im Garten? Machen wir daraus eine Sauce!

250 ml natives Olivenöl extra
250 g trockene Weißbrotbrösel
Meersalz
frischgemahlener Pfeffer
1 feingehackte Knoblauchzehe
1 Bund gehackte Frühlingszwiebeln
500 g Spaghetti
50 g frischgeriebener Parmesan
125 ml natives Olivenöl extra

Die Hälfte des Olivenöls bei mittlerer Temperatur in einer Pfanne erhitzen und die Brösel darin anbraten – diese sollten durch das Öl etwas aufquellen. Anschließend mit Salz und Pfeffer abschmecken, den Knoblauch hinzufügen und einige Minuten mitbraten. Anschließend die Bröselmischung auf einen Teller geben und beiseitestellen.

Das restliche Olivenöl in die gesäuberte Pfanne geben und bei mittlerer Temperatur erhitzen. Die Frühlingszwiebeln darin etwa 5 Minuten dünsten. Dann die Temperatur stark reduzieren und alles etwa 20 Minuten garen.

In der Zwischenzeit die Spaghetti in reichlich Salzwasser al dente garen, dann abschütten, abtropfen lassen, wieder in den Topf geben und mit den Zwiebeln, den Weißbrotbröseln und dem Parmesan vermengen. Mit etwas Olivenöl beträufeln und heiß servieren.
(Für 4 Portionen oder 6 Portionen als Vorspeise)

pasta e ricotta

Pasta mit Ricotta

Warum immer Fastfood, wenn man etwas so Leckeres so schnell und einfach zubereiten kann? Diese Pasta kann auf folgende Arten variiert werden:

- **2 EL natives Olivenöl extra, 3 EL frischgeriebenen Parmesan und 1 EL gehackte Petersilie hinzufügen**
- **2 EL Pesto und 3 EL frischgeriebenen Parmesan hinzufügen**
- **2 gewürfelte reife Tomaten und 1 Handvoll gehacktes Basilikum hinzufügen**
- **einige gebratene Scheiben Frühstücksspeck und gekochte Erbsen sowie 3 EL geriebenen Parmesan hinzufügen**

Am liebsten mag ich dieses Gericht allerdings mit Ricotta.

500 g Conchiglioni (muschelförmige Pasta)
250 g frischer, fester Ricotta
etwas glatte Petersilie, gehackt
Meersalz
frischgemahlener Pfeffer

Die Conchiglioni in reichlich kochendem Salzwasser al dente garen. In der Zwischenzeit den Ricotta mit einer Gabel auflockern und beiseitestellen.

Die Conchiglioni abgießen, dabei etwas Kochwasser zurückbehalten. Den Ricotta zur Pasta geben und mit etwas Kochwasser mischen, damit es nicht zusammenklebt. Gut mischen, dann die Petersilie unterrühren, mit Salz und Pfeffer abschmecken und servieren.
(Für 4 Portionen oder 6 Portionen als Vorspeise)

Die Sizilianer sind leidenschaftliche Jäger (erstaunlich, dass es auf der Insel überhaupt noch Wild gibt). Dieses Foto entstand auf dem Weg zu einem unserer vielen Besuche in den Heimatdörfern meiner Eltern. Diese waren nicht weit voneinander entfernt; so besuchten wir immer zuerst die Familie meines Vaters, dessen Vater uns dann zum Dorf meiner Mutter führte, wobei ich auf seinem Esel reiten durfte. Hier hatten wir wohl gerade eine kurze Pause eingelegt, wahrscheinlich, damit mein Großvater ein Wildkaninchen für das Abendessen erlegen konnte.

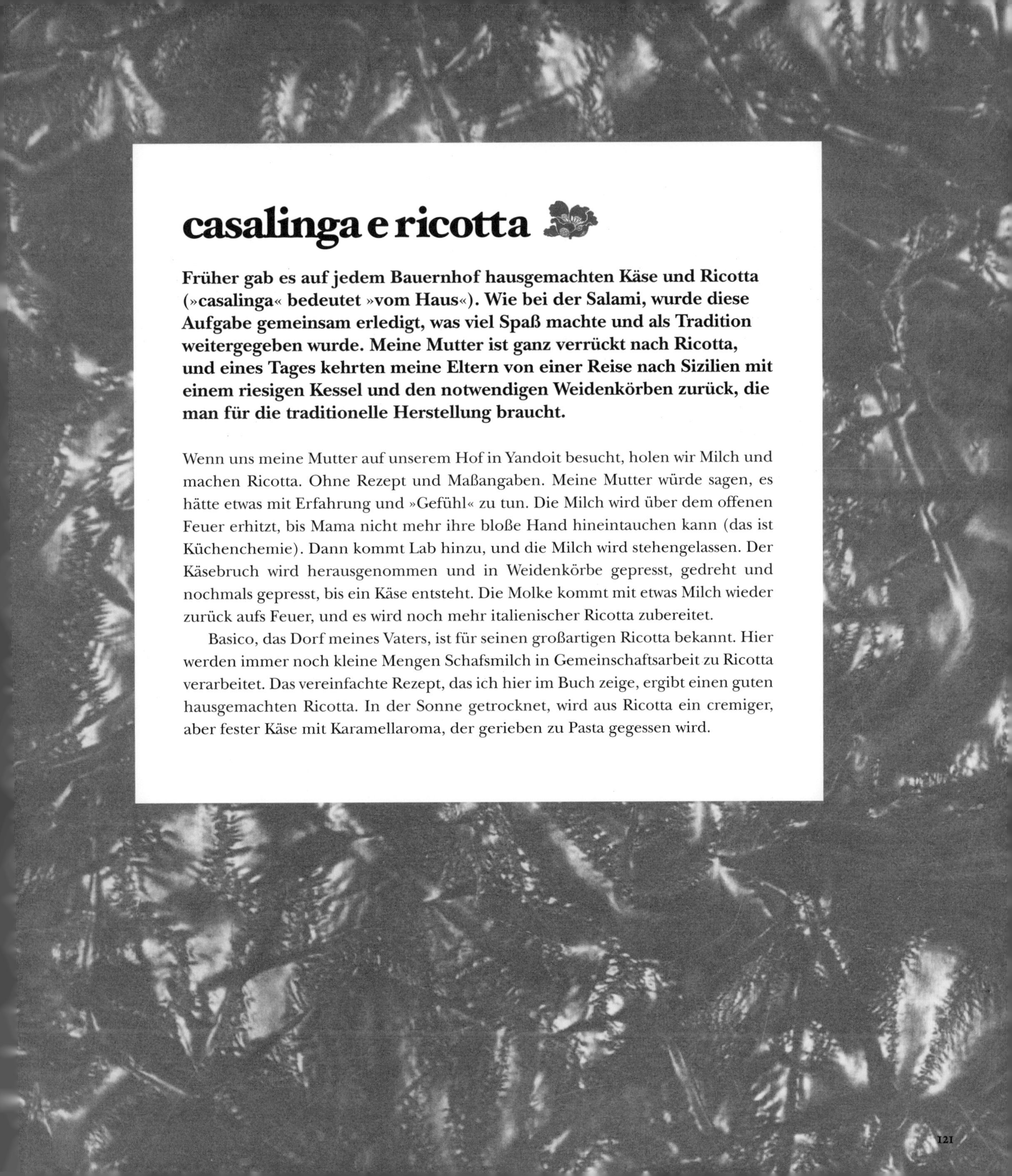

casalinga e ricotta

Früher gab es auf jedem Bauernhof hausgemachten Käse und Ricotta (»casalinga« bedeutet »vom Haus«). Wie bei der Salami, wurde diese Aufgabe gemeinsam erledigt, was viel Spaß machte und als Tradition weitergegeben wurde. Meine Mutter ist ganz verrückt nach Ricotta, und eines Tages kehrten meine Eltern von einer Reise nach Sizilien mit einem riesigen Kessel und den notwendigen Weidenkörben zurück, die man für die traditionelle Herstellung braucht.

Wenn uns meine Mutter auf unserem Hof in Yandoit besucht, holen wir Milch und machen Ricotta. Ohne Rezept und Maßangaben. Meine Mutter würde sagen, es hätte etwas mit Erfahrung und »Gefühl« zu tun. Die Milch wird über dem offenen Feuer erhitzt, bis Mama nicht mehr ihre bloße Hand hineintauchen kann (das ist Küchenchemie). Dann kommt Lab hinzu, und die Milch wird stehengelassen. Der Käsebruch wird herausgenommen und in Weidenkörbe gepresst, gedreht und nochmals gepresst, bis ein Käse entsteht. Die Molke kommt mit etwas Milch wieder zurück aufs Feuer, und es wird noch mehr italienischer Ricotta zubereitet.

Basico, das Dorf meines Vaters, ist für seinen großartigen Ricotta bekannt. Hier werden immer noch kleine Mengen Schafsmilch in Gemeinschaftsarbeit zu Ricotta verarbeitet. Das vereinfachte Rezept, das ich hier im Buch zeige, ergibt einen guten hausgemachten Ricotta. In der Sonne getrocknet, wird aus Ricotta ein cremiger, aber fester Käse mit Karamellaroma, der gerieben zu Pasta gegessen wird.

ricotta
Ricotta

4 l Vollmilch
185 ml Sahne
2 TL Meersalz
1 TL flüssiges Lab (im Fachhandel erhältlich)

Die Milch mit der Sahne auf 200 °C erhitzen, anschließend zum Abkühlen in einen anderen Topf umfüllen. Das Salz hinzufügen, das sich unter ständigem Rühren auflösen wird. Den Topf in ein mit Eiswasser gefülltes Spülbecken stellen und mit einem Kochthermometer das Abkühlen auf etwa 125 °C kontrollieren.

Das Lab mit etwa 3 EL Wasser mischen, in die Milch einrühren und für etwa 10–15 Minuten stehen lassen, bis die Milch eindickt.

Den Käsebruch oben zweimal einschneiden und dann rasch 20 Sekunden durch Rühren auflockern. Dabei mit einem Holzlöffel vorsichtig am Topfrand entlangrühren. Der Ricotta sollte sich jetzt von der Molke trennen. Den Ricotta mit einem Schaumlöffel vorsichtig herausheben und in einen Durchschlag oder in eine extra Ricottaform geben und vor dem Kühlen etwa 2 Stunden stehen lassen. Nach diesem Rezept hält sich der Ricotta bis zu 4 Tage.

SOCIAL
NO EXIT

Dieses Foto entstand bei Tante Caterinas Hochzeit. Ich war sehr aufgeregt, denn ich durfte eines der Blumenmädchen sein. Es war eine recht kleine Hochzeit mit nur 150 Gästen. Zu den Hochzeiten meiner Cousins kommen nun für gewöhnlich etwa 400 Gäste. Bei unseren sizilianischen Hochzeiten dreht sich alles ums Essen: Pasta, ein Hauptgericht, Obst, Dessert … Und wenn man denkt, es ist vorbei, gibt es noch Abendessen. Zum Glück wird immer viel getanzt, was dabei hilft, das reichliche Essen zu bewältigen.

carne e pesce

Da ich in einem weit abgelegenen Bergdorf aufgewachsen bin, habe ich nur vage Erinnungen an Fisch auf dem Speiseplan. An der sizilianischen Küste jedoch wurde viel Fisch gekocht. Wir hielten unser eigenes Vieh, das bei besonderen Gelegenheiten auch mal geschlachtet wurde. Dann wurde das ganze Tier verwertet – die Sizilianer halten nichts von Verschwendung.

Salt

capretto con castagne
Zicklein mit Maronen

Capretto (Ziegenkitz) müssen Sie vermutlich beim Metzger vorbestellen. Ich mag am liebsten das Fleisch aus der Keule, die Schulter ist aber ebenso gut. Wer kein Zicklein bekommt, kann stattdessen auch Lamm verwenden. Getrocknete Maronen erhalten Sie in guten italienischen Feinkostgeschäften.

20 getrocknete Maronen
150 g Weizenmehl (Type 405)
Meersalz
frischgemahlener Pfeffer
2 kg Capretto (Ziegenkitz), in kleine Stücke geschnitten
185 ml natives Olivenöl extra
1 große Zwiebel, feingehackt
3 Stangen Staudensellerie, in dünne Scheiben geschnitten
1 l Geflügel- oder Rinderfond
1 Zweig Rosmarin

Die getrockneten Maronen über Nacht einweichen, dann aus dem Wasser nehmen und gut abtropfen lassen.

Den Backofen auf 180 °C vorheizen. In das Mehl Salz und Pfeffer geben und das Zicklein damit bestäuben. Etwa 100 ml Olivenöl in einer Pfanne erhitzen, die Fleischstücke darin bräunen und dann in eine Auflaufform geben.

Die Pfanne säubern und das restliche Öl bei mittlerer Temperatur erhitzen. Die Zwiebel und den Staudensellerie darin goldbraun braten und über dem Fleisch verteilen. Dann den Fond angießen, den Rosmarin und die Maronen hinzufügen und alles mit Salz und Pfeffer bestreuen. Die Auflaufform mit Alufolie oder einem Deckel fest verschließen und alles 1 ½ Stunden im Ofen garen. Dann die Folie entfernen und weitere 30 Minuten garen, zwischendurch das Fleisch einmal wenden.
(Für 6 Portionen)

pollo con olive e capperi
Hähnchen mit Oliven und Kapern

250 ml natives Olivenöl extra
6 Hähnchenschenkel
1 große rote Zwiebel, feingehackt
90 g kleine gesalzene Kapern, abgespült
100 g grüne Oliven, entsteint
250 ml trockener Weißwein
4 gewürfelte Tomaten
500 ml Geflügelfond

Den Backofen auf 180 °C vorheizen. Die Hälfte des Olivenöls in einer großen Pfanne erhitzen und die Hähnchenschenkel darin ringsum goldbraun anbraten (je nach Pfannengröße in mehreren Portionen).

Das restliche Olivenöl in einem ausreichend großen, feuerfesten Bräter erhitzen und die Zwiebel darin goldbraun anbraten. Die Kapern und die Oliven hinzufügen und 3–4 Minuten mitgaren. Die angebratenen Hähnchenschenkel dazugeben und nochmals 2 Minuten braten. Mit dem Wein ablöschen, aufkochen und 2 Minuten kochen lassen, anschließend die Tomaten und den Fond hinzufügen.

Den Bräter mit einem Deckel oder Alufolie abdecken und alles 1 Stunde im Backofen garen. Anschließend den Deckel bzw. die Folie entfernen und alles weitere 15 Minuten garen.
(Für 6 Portionen)

bistecca al salmoriglio

Steak mit Olivenöl und Salmoriglio

Ich gebe hier zwar Hochrippe an, Sie können aber ebensogut jedes andere Fleischstück wie Lammkotelett, Rinder- oder Hähnchenfilet nehmen. Es kommt hier weniger auf das Fleisch, sondern auf die Salmoriglio an. Man kann dieses Gericht auf dem Holzkohlegrill oder unter dem Backofengrill zubereiten. Es ist für einen großen Grillabend ebenso geeignet wie für ein Single-Abendessen. Für gewöhnlich reiche ich dazu Salat und Bratkartoffeln.

250 ml natives Olivenöl extra
sowie etwas Öl zum Bestreichen des Fleisches
125 ml Zitronensaft
3 Knoblauchzehen,
geschält und leicht zerdrückt
1 EL getrockneter Oregano
12 Steaks aus der Hochrippe
(vom Fleischer dünn schneiden lassen)

Für die Salmoriglio das Olivenöl mit dem Zitronensaft, dem Knoblauch und dem Oregano verrühren und mit Salz und Pfeffer abschmecken.

Das Fleisch mit etwas Olivenöl bestreichen und mit Salz und Pfeffer bestreuen. Den Grill sehr stark erhitzen und die Steaks von jeder Seite wenige Minuten braten – je nachdem, wie stark sie durchgebraten sein sollen.

Die gebratenen Steaks in der Salmoriglio wenden und sofort servieren.

(Für 6 Portionen)

coniglio agro dolce
Kaninchen süß-sauer

Bestellen Sie, wenn irgend möglich, beim Fleischer Wildkaninchen vor. Ich rate Ihnen, beim Zerlegen des Kaninchens den Brustkorb zu entfernen, da er leicht zerfällt und sich dann im Gericht viele Knochen wiederfinden.

2 junge Kaninchen, in 6–8 Stücke zerlegt
150 g Weizenmehl (Type 405)
125 ml natives Olivenöl extra
1 Zwiebel, in dünne Ringe geschnitten
1 Stange Staudensellerie, feingehackt
1 kleine Karotte, feingehackt
2 EL kleine gesalzene Kapern, abgespült
3 EL Sultaninen, etwa 5 Minuten in Wasser eingeweicht
200 g große grüne Oliven, entsteint und grob gehackt
4 EL Honig
125 ml Rotweinessig
750 ml Geflügelfond
Meersalz, frischgemahlener Pfeffer

Den Backofen auf 160 °C vorheizen. Das Kaninchenfleisch mit etwas Mehl bestäuben und mit Salz und Pfeffer bestreuen. Das Olivenöl in einer großen beschichteten Pfanne erhitzen, das Fleisch darin portionsweise ringsum braun anbraten, dann herausnehmen.

Die Zwiebel, den Staudensellerie und die Karotte bei mittlerer Hitze etwa 10 Minuten garen. Dann die Kapern, die Sultaninen und die Oliven unter Rühren 5 Minuten mitgaren.

Die Fleischstücke auf ein tiefes Blech legen und die Zwiebelmischung darüber verteilen. Den Honig mit dem Essig verrühren, bis sich der Honig aufgelöst hat und über das Kaninchenfleisch geben. Den Fond angießen und alles mit Salz und Pfeffer bestreuen.

Das Bratblech mit Alufolie dicht abdecken und 1–2 Stunden im Backofen garen, dabei das Fleisch alle 30 Minuten kontrollieren. Ich bereite sehr häufig Kaninchen zu und habe dabei festgestellt, dass die Garzeiten sehr unterschiedlich sein können, was vielleicht mit den Jahreszeiten zusammenhängt. Wenn sich das Fleisch vom Knochen zu lösen beginnt, ist das Kaninchen gar.
(Für 6–8 Portionen)

vitello al marsala

Kalbfleisch in Marsala

Dieses traditionelle sizilianische Gericht ist in Verruf geraten, weil viele schlechte Rezepte davon in den Küchen kursieren, bei denen zu viel Sahne oder Marsala verwendet wird. In seiner reinen Form ist es ein sehr gutes, einfaches und schnelles Essen.

2 EL natives Olivenöl extra
25 g Butter
12 Scheiben Kalbfleisch
100 ml Marsala
125 ml Sahne
Meersalz
frischgemahlener Pfeffer

Die Hälfte des Olivenöls und die Hälfte der Butter in einer großen Pfanne erhitzen. Wenn die Butter anfängt zu brutzeln und die Pfanne sehr heiß ist, 6 Scheiben Kalbfleisch darin von jeder Seite etwa 1 Minute anbraten (das Kalbfleisch muss schnell braten, damit es nicht anfängt zu schmoren). Dann das Kalbfleisch herausnehmen und die zweite Portion Fleisch in dem verbliebenen Fett braten. Diese ebenfalls herausnehmen und alle Fleischscheiben auf einer Platte anrichten.

Den Marsala in die Pfanne geben und unter Rühren 1 Minute kochen. Die Sahne hinzufügen und 30 Sekunden mitkochen. Das Fleisch wieder in die Pfanne geben, einmal in der Sauce wenden und kurz darin erwärmen.
(Für 6 Portionen)

cotoletta
Paniertes Hähnchen

Wer in einer sizilianischen Küche den Kühlschrank öffnet, findet dort garantiert irgendwo »cotoletta«. Die Sizilianer lieben ihr »cotoletta« sehr dünn und jeder hat sein eigenes Rezept. »Cotoletta« kann mit Hähnchen, Kalb- oder Rindfleisch zubereitet werden, ich persönlich bevorzuge Hähnchen. Gegessen wird das Fleisch noch warm in einem Brötchen mit etwas Salat.

200 g trockene Weißbrotbrösel
100 g frischgeriebener Parmesan
3 EL glatte Petersilie, feingehackt
1 Knoblauchzehe, sehr feingehackt
3 Eier, leicht verquirlt
3–4 Hähnchenbrustfilets, in sehr dünne Scheiben geschnitten
Meersalz
frischgemahlener Pfeffer
natives Olivenöl extra zum Braten

Die Weißbrotbrösel, den Parmesan, die Petersilie und den Knoblauch mit etwas Salz und Pfeffer in einer großen, flachen Schüssel vermengen. Die Eier in einer zweiten Schüssel verquirlen.

Salz und Pfeffer über das Hähnchenfleisch geben und dann die Filets durch die verquirlten Eier ziehen und dann in der Bröselmischung wenden. Die Panade gut andrücken.

Ausreichend Olivenöl in einer großen Pfanne erhitzen und das Fleisch (gegebenenfalls portionsweise, je nach Pfannengröße) darin goldbraun braten, dabei einmal wenden. Das Fleisch auf Küchenpapier abtropfen lassen und servieren.
(Für 6 Portionen)

baccalà
Klippfisch

Baccalà zu kochen erfordert etwas Planung. Wer ihn im Feinkostgeschäft kauft, sollte ihn dort in kleinere Stücke schneiden lassen. Diese werden drei Tage in kaltem Wasser eingeweicht, das dreimal täglich erneuert werden muss. Danach lässt man die Fischstücke auf einem Geschirrtuch gründlich abtropfen.

125 ml natives Olivenöl extra
1 Zwiebel, feingehackt
500 g reife Tomaten, gehäutet, ohne Kerne und gehackt oder 440 g gehackte Tomaten aus der Dose
1 kg Baccalà (gesalzener und getrockneter Dorsch), 3 Tage lang, wie oben beschrieben, in kaltem Wasser eingeweicht
150 g grüne Oliven, entsteint
3 große Kartoffeln, geschält und geviertelt
frischgemahlener Pfeffer

Den Backofen auf 180 °C vorheizen. Das Olivenöl in einem feuerfestenen Topf bei mittlerer Temperatur erhitzen. (Der Boden des Topfes sollte so groß sein, dass die Fischstücke alle nebeneinander hineinpassen.) Die Zwiebel darin weichdünsten, dann die Tomaten hinzufügen und alles etwa 15 Minuten garen.

Den Dorsch zusammen mit den Oliven und den Kartoffeln in den Topf geben und alles gleichmäßig auf dem Boden verteilen. Etwa 500 ml Wasser angießen, Pfeffer dazugeben (Salz wird nicht benötigt!) und abgedeckt etwa 35 Minuten im Backofen garen. Den Fisch nach der Hälfte der Garzeit einmal wenden.
(Für 6 Portionen)

farsomagro
Gefüllter sizilianischer Rinderrollbraten

Das ist eine traditionelle sizilianische Spezialität, für die jede Familie ihr eigenes Rezept hat. Mit dünnen Rinderrouladenscheiben und Wachteleiern lassen sich daraus auch leckere Partyhäppchen zubereiten.

1,5 kg Rinderrollbraten, so dünn wie möglich
2 EL frischgeriebener Parmesan
5 Scheiben Mortadella
einige große Blätter von frischem Spinat
6 hartgekochte Eier, geschält
125 ml natives Olivenöl extra
Meersalz
frischgemahlener Pfeffer

FÜR DIE SAUCE
3 EL natives Olivenöl extra
1 große Zwiebel, feingehackt
1 kleine Stange Staudensellerie, feingehackt
1 kleine Karotte, feingehackt
2,5 kg Dosentomaten oder 4 x 500 ml passierte Tomaten
2 frische Lorbeerblätter

Für die Sauce das Olivenöl in einem ausreichend großen Topf erhitzen. Die Zwiebel, den Staudensellerie und die Karotte darin bei milder Hitze goldbraun braten. Die passierten Tomaten und die Lorbeerblätter hinzufügen, mit Salz und Pfeffer bestreuen und alles köcheln lassen.

In der Zwischenzeit das Fleisch vorbereiten: Das Rindfleisch mit Salz, Pfeffer und mit dem Parmesan bestreuen. Die Mortadellascheiben in der Mitte des Fleischstücks ausbreiten (sie dürfen am Rand etwas überlappen) und die Spinatblätter darüberlegen. Die Eier längs in der Mitte anordnen. Nochmals Salz und Pfeffer darübergeben.

Den Braten zu rollen ist nicht ganz einfach: Das Fleisch von der Längsseite her aufrollen, die Rolle dann etwa alle 8 cm mit Küchengarn fixieren. Besonders die Enden der Rolle müssen fest verschlossen sein, damit die Eier nicht herausrutschen.

Das Olivenöl in einer großen Pfanne erhitzen und den Rollbraten darin von allen Seiten braun anbraten. Den Rollbraten dann in die Sauce geben und alles im abgedeckten Topf etwa 1–1 ½ Stunden schmoren, dabei das Fleisch gelegentlich wenden. Den garen Rollbraten aus der Sauce nehmen und etwas abkühlen lassen. Das Küchengarn vor dem Aufschneiden entfernen. Etwas Sauce auf einer großen Servierplatte verteilen und die Bratenscheiben darauf anrichten.
(Für 8 Portionen)

involtini

Rouladen mit Schinken-Brösel-Füllung

160 g frischgeriebene Weißbrotbrösel
3 EL glatte Petersilie, gehackt
1 Knoblauchzehe, feingehackt
50 g frischgeriebener Parmesan
1 Ei, leicht verquirlt
12 sehr dünne Rinderrouladen
6 Scheiben Prosciutto, halbiert
125 ml natives Olivenöl extra
1 rote Zwiebel, feingehackt
3 x 400 g gehackte Tomaten aus der Dose
Meersalz
frischgemahlener Pfeffer

Die Brösel, die Petersilie, den Knoblauch, den Parmesan und etwas Salz und Pfeffer vermengen. Das verquirlte Ei hinzufügen und mit den Händen gründlich durchmischen. Gegebenenfalls etwas Wasser zum Binden hinzufügen.

Die Rouladen auf die Arbeitsplatte legen, mit Salz und Pfeffer würzen und mit je einer halben Scheibe Prosciutto belegen. Eine kleine Handvoll Bröselmischung zwischen den Fingern zu einer Rolle formen und auf das kurze Ende der Fleischscheibe legen. Die Roulade mit der Füllung aufrollen, dabei die Seiten gut feststecken, mit einem Zahnstocher fixieren.

Die Hälfte des Olivenöls in einem ausreichend großen Topf erhitzen und die Zwiebel darin goldbraun braten. Die Tomaten hinzufügen und die Temperatur stark reduzieren.

In der Zwischenzeit das restliche Olivenöl in einer Pfanne erhitzen und die Rouladen darin von allen Seiten braun anbraten. Das Fleisch dann in die Sauce geben und alles abgedeckt etwa 40 Minuten schmoren, vor dem Servieren kurz abschmecken.
(Für 6 Portionen)

lumache con pomodoro

Schnecken in Tomatensauce

Als ich noch klein war und mein Großvater noch lebte, hatten wir einen herrlichen Gemüsegarten. Er spritzte nie Gift im Garten, stattdessen gingen wir bei Regen alle zum Schneckensammeln hinaus. Es waren ganz normale Gartenschnecken, die mit dieser Tomatensauce aber wunderbar schmeckten. Ich bin mir nicht sicher, ob man immer noch Gartenschnecken sammeln kann, aber wer auf dem Land lebt und keine Pestizide spritzt, kann in seinem Garten bestimmt welche finden. Es ist heutzutage aber wohl ratsamer, Schnecken zu kaufen …

1–1,5 kg Schnecken mit Haus
125 ml natives Olivenöl extra
1 Zwiebel, feingehackt
2 Knoblauchzehen, feingehackt
440 g gehackte Tomaten aus der Dose
2 EL glatte Petersilie, gehackt
2 große Kartoffeln, geschält und in 3–4 Stücke zerteilt
Meersalz
frischgemahlener Pfeffer

Die gesammelten Schnecken mit Kleie ein paar Tage lang in einen Plastikeimer legen, so werden sie von Sand und Schmutz gereinigt. Sind die Schnecken gekauft, diese einfach waschen und abtropfen lassen.

Das Olivenöl in einer Pfanne erhitzen und die Zwiebel darin goldbraun anbraten. Den Knoblauch hinzufügen und 1 Minute mitbraten, anschließend die Tomaten, die Schnecken sowie die Petersilie und die Kartoffeln dazugeben. Die Sauce mit Salz und Pfeffer abschmecken und alles abgedeckt 40–50 Minuten schmoren.

Die Schnecken in der Sauce mit frischem knusprigem Weißbrot und einem Zahnstocher zum Auslösen der Schnecken servieren.
(Für 6 Portionen)

tonno agro dolce
Thunfisch süß-sauer

6 Thunfischsteaks (nicht zu dick)
75 g Weizenmehl (Type 405)
125 ml natives Olivenöl extra
1 große rote Zwiebel, in dünne Ringe geschnitten
50 g Korinthen, 10 Minuten in Wasser eingeweicht
100 g grüne Oliven, gehackt
3 EL Marsala, trocken
2 EL Zucker
125 ml Rotweinessig
Meersalz
frischgemahlener Pfeffer

Den Thunfisch mit etwas Mehl bestäuben, dann das überschüssige Mehl abschütteln. Die Hälfte des Olivenöls bei mittlerer Temperatur in einer großen Pfanne erhitzen, die Zwiebel darin glasig dünsten, dann herausnehmen.

Das restliche Olivenöl in der Pfanne erhitzen und den Fisch (gegebenenfalls portionsweise) darin je nach Dicke der Scheiben von jeder Seite 3–4 Minuten braten. Die Zwiebeln, die Korinthen, die Oliven, den Marsala und den mit dem Zucker vermischten Essig hinzufügen. Dann die Temperatur reduzieren und alles 5 Minuten lang sanft köcheln lassen. Mit Salz und Pfeffer abschmecken und servieren.
(Für 6 Portionen)

calamari alla griglia
Gegrillte Calamari

6 Tintenfische (Calamari) à ca. 20 cm
125 ml natives Olivenöl extra
3 EL frischgepresster Zitronensaft und etwas mehr zum Beträufeln
3 EL glatte Petersilie, gehackt
2 Knoblauchzehen, grob gehackt
Chiliflocken (nach Belieben)
Meersalz
frischgemahlener Pfeffer

Die Fangarme mit dem Kopf und den anhängenden Eingeweiden aus den Körperbeuteln der Calamari ziehen. Die Fangarme knapp vor den Augen abschneiden und beiseitelegen, den Rest wegwerfen. Die Fischbeine aus den Körperhöhlen lösen und diese gründlich ausspülen.

Die Haut unter fließendem Wasser von den Körperbeuteln abziehen. Löst sich die Haut nicht, die Calamari auf ein Schneidbrett legen und die Haut mit einem Messer abschaben, anschließend unter fließendem Wasser abspülen. Die Fangarme nicht häuten, sondern nur gründlich mit kaltem Wasser abspülen und scharfe Teile abstreifen, dann abtropfen lassen und trockentupfen.

Das Olivenöl, den Zitronensaft, die Petersilie, den Knoblauch und nach Gusto die Chiliflocken in einer großen Schüssel mischen. Mit Salz und Pfeffer würzen, die Calamari hinzufügen und alles gründlich vermengen. Alles mit Frischhaltefolie abgedeckt mindestens 3 Stunden kühlstellen.

Den Grill oder eine Grillplatte anheizen und die Calamaristücke und die Fangarme (falls nötig portionsweise) grillen, die Stücke dabei etwas flachdrücken, damit sie durchgaren. Ich beschwere sie mit einem Backblech, auf das ich noch einen schweren Topf stelle. So die Calamari für 5 Minuten garen, dann wenden und weitere 5 Minuten garen. Alle Calamaristücke in 2 cm breite Streifen schneiden und mit einem Spritzer Zitronensaft beträufelt servieren.
(Für 6 Portionen)

polpette

Fleischklößchen in Tomatensauce

Die italienische Köchin macht daraus zwei Gänge: Die Sauce wird zu Pasta serviert und die Fleischklößchen mit einem Salat als Hauptgang. Wer mag, kann die Fleischklößchen auch etwas länger braten und als Fingerfood reichen. Polpette lassen sich auch gut einfrieren und sind im Backofen in nur 15 Minuten aufgetaut.

1 kg grob durchgedrehtes Rinderhackfleisch
500 g Schweinehackfleisch
160 g frische Weißbrotbrösel
150 g frischgeriebener Parmesan
1 Knoblauchzehe, feingehackt
3 EL glatte Petersilie, gehackt
Meersalz, frischgemahlener Pfeffer
4 Eier
185 ml natives Olivenöl extra
2 Zwiebeln, feingehackt
2,5 kg gehackte Tomaten aus der Dose
2 Lorbeerblätter

Das Fleisch, die Weißbrotbrösel, den Parmesan, den Knoblauch, die Petersilie und etwas Salz und Pfeffer gründlich mit den Händen mischen. Dabei 3 leicht verquirlte Eier hinzufügen. Ist die Mischung zu trocken, noch etwas vom vierten Ei hinzufügen. Sie darf aber nicht zu feucht werden, da die Klößchen sonst zerfallen. Die Fleischmasse zu Klößchen formen. Die Größe spielt dabei keine Rolle, sie sollten nur fest gerollt sein, damit sie nicht auseinanderfallen.

In einer ausreichend großen Pfanne 4 EL Olivenöl erhitzen und die Zwiebeln darin weichdünsten. Dann die Tomaten hinzufügen und alles bei milder Hitze unter gelegentlichem Rühren köcheln lassen.

Das restliche Olivenöl in einer beschichteten Pfanne erhitzen und einige Fleischklößchen hineingeben. (Die Pfanne aber nicht zu voll machen.) Das Fleisch ringsum braun anbraten (von jeder Seite etwa 1–2 Minuten). Die gebräunten Klößchen in die Tomatensauce geben. Die Lorbeerblätter dazugeben und alles abgedeckt etwa 1 Stunde köcheln lassen.
(Für 6 Portionen)

trippa
Kutteln

Ach ja, Kutteln. Man liebt sie oder man hasst sie. Ich wünschte aber, mehr Leute würden sie einfach mal probieren …

1,5 kg küchenfertige Kutteln
3 EL natives Olivenöl extra
1 Zwiebel, feingehackt
1 kleine Karotte, feingehackt
1 Stange Staudensellerie, feingehackt
250 ml trockener Weißwein
440 g gehackte Tomaten aus der Dose
1 l Geflügelfond
2 EL glatte Petersilie
1 großer Zweig Rosmarin
1 EL Chiliflocken
Meersalz, frischgemahlener Pfeffer
3 Kartoffeln (vorwiegend festkochend), geschält und geviertelt
400 g Limabohnen aus der Dose
frischgeriebener Parmesan zum Servieren

Die Kutteln in Streifen schneiden. Das Olivenöl in einem großen Topf erhitzen, die Zwiebel, die Karotte und den Staudensellerie darin weichdünsten. Die Kutteln hinzufügen und unter Rühren 10 Minuten garen. Alles mit dem Weißwein ablöschen und weitere 10 Minuten garen. Dann die Tomaten, den Geflügelfond, die Petersilie, den Rosmarin und die Chiliflocken hinzufügen und mit Salz und Pfeffer abschmecken.

Die Kutteln abgedeckt 2 Stunden köcheln lassen, dabei öfter prüfen: Sie sollten weich sein, aber noch Biss haben. Werden sie zu trocken, noch etwas Fond oder Wasser hinzufügen.

Nach 2 Stunden die Kartoffeln dazugeben und weichkochen. Anschließend die Bohnen hinzufügen und 10 Minuten mitgaren. Abschmecken, mit Parmesan bestreuen und mit knusprigem Weißbrot zum Tunken der Sauce servieren.
(Für 6 Portionen)

porchetta
Spanferkel

Traditionell versteht die sizilianische Küche unter Porchetta ein ganzes Schwein, das man entbeint, füllt und brät. Heute verwendet man für Porchetta meist eine Schweinshaxe. Ich serviere dazu gerne gebackenen Fenchel und Salat. Auch kalt in einem Brötchen schmeckt das Fleisch vorzüglich.

125 ml natives Olivenöl extra
und etwas mehr zum Einreiben
1 Zwiebel, feingehackt
1 kleine Fenchelknolle, feingehackt
oder 1 Handvoll wilder Fenchel
250 g Schweinehackfleisch
3 Knoblauchzehen, zerdrückt
1 EL schwarzer Pfeffer, frischgemahlen
3 EL Rosmarin, gehackt
1 EL Fenchelsamen, im Mörser zerstoßen
Meersalz
1 Schweinshaxe (à etwa 3 kg), ohne Knochen und flach aufgeschnitten

Den Backofen auf 250 °C vorheizen. Für die Füllung das Olivenöl bei mittlerer Temperatur erhitzen. Die Zwiebel und den Fenchel darin etwa 10 Minuten dünsten. Das Schweinehackfleisch hinzufügen und 15 Minuten mitgaren. Anschließend den Knoblauch, den Pfeffer, den Rosmarin und die Fenchelsamen dazugeben, mit Salz abschmecken und den Herd ausschalten.

Die Schweinshaxe auf die Arbeitsplatte legen und so weit wie möglich aufklappen. Die Füllung in die Mitte geben und etwas verteilen, dabei am Rand genügend Platz lassen. Das Fleisch aufrollen und mit Küchengarn fest zusammenbinden. Die Haut mit einem scharfen Messer einschneiden und mit etwas Olivenöl und Salz einreiben.

Das Schweinefleisch in eine Bratform geben und 185 ml Wasser angießen, dann im Backofen 15 Minuten garen. Anschließend die Temperatur auf 190 °C reduzieren und je nach Größe der Porchetta 1½–2 Stunden garen. Das Fleisch vor dem Aufschneiden 30 Minuten ruhen lassen. (Für 6–8 Portionen, es bleiben Reste für eine weitere Mahlzeit.)

SPECIALITA' GASTRONOMICA

calamari ripieni
Gefüllte Calamari

Wer mag, kann die Saucenmenge verdoppeln und sie mit Pasta als Vorspeise und als Hauptgang gemeinsam mit Calamari und Salat servieren – wie in Sizilien. Nehmen Sie frische Calamari, keine fertigen Tintenfische (die taugen nichts). Jeder Fischhändler macht Tintenfisch küchenfertig, wenn sie es nicht selbst versuchen möchten.

6 Calamari à etwa 15 cm oder 3 größere Calamari
185 ml natives Olivenöl extra
2 Stangen Lauch ohne Grün, in feine Ringe geschnitten
1 rote Zwiebel, feingehackt
2 Knoblauchzehen, feingehackt
160 g frische Weißbrotbrösel
2 EL kleine gesalzene Kapern, abgespült
1 Ei, leicht verquirlt
3 EL frischgeriebener Parmesan
3 EL glatte Petersilie, gehackt
Meersalz, frischgemahlener Pfeffer
125 ml trockener Weißwein
400 g gehackte Tomaten aus der Dose

Die Fangarme mit dem Kopf und den anhängenden Eingeweiden aus dem Körperbeutel des Kalmars ziehen. Das Tintensäckchen von den Innereien abtrennen. Die Fangarme knapp vor den Augen abschneiden und beiseitelegen, den Rest wegwerfen. Das Fischbein aus der Körperhöhle lösen und diese gründlich ausspülen. Die Flossen seitlich abziehen und beiseitelegen.

Die Haut unter fließendem Wasser vom Körperbeutel abziehen. Löst sich die Haut nicht, die Haut des Kalmars mit einem Messer abschaben, anschließend unter fließendem Wasser abspülen. Die Fangarme nicht häuten, nur gründlich mit kaltem Wasser abspülen und scharfe Teile abstreifen, dann abtropfen lassen und trockentupfen.

Die Fangarme und die Flossen sehr fein hacken und beiseitelegen. In einer Pfanne bei mittlerer Temperatur 3 EL Olivenöl erhitzen. Den Lauch und die Zwiebeln darin 5 Minuten dünsten. Die gehackten Calamari und 1 Knoblauchzehe hinzufügen. Die Temperatur etwas reduzieren und alles unter ständigem Rühren etwa 15–20 Minuten garen. Dann den Herd ausschalten, die Brösel und die Kapern einrühren und etwa 1 Stunde abkühlen lassen. Das Ei, den Parmesan und die Petersilie hinzufügen, dann mit Salz und Pfeffer abschmecken, Salz dabei nur sparsam verwenden, da die Kapern bereits gesalzen sind. Alles gut mischen.

Die Calamari mithilfe eines Löffels je zu ¾ mit der Mischung füllen. (Nicht zu voll, da sie beim Garen schrumpfen.) Die Calamari mit Schaschlikstäbchen oder Zahnstochern verschließen.

Eine große Pfanne wählen, in der alle Calamari nebeneinander passen. Das restliche Olivenöl erhitzen und die Calamari darin von allen Seiten braun anbraten. Die Temperatur auf mittlere Hitze reduzieren, den Weißwein angießen und 2–3 Minuten köcheln lassen, dabei die Calamari ein- oder zweimal wenden. Die Tomaten und den restlichen Knoblauch hinzufügen und alles mit Salz und Pfeffer abschmecken. Die Temperatur auf milde Hitze reduzieren und die Calamari je nach Größe 40–50 Minuten garen. Die Calamari zwischendurch wenden und eventuell etwas Wasser angießen, wenn die Sauce zu stark reduziert ist. Die Calamari sind fertig, wenn sie sich mit einer Gabel leicht anstechen lassen. Die Sauce abschmecken, die Spieße entfernen und die Calamari aufschneiden. Etwas Sauce darüber verteilen und servieren.

(Für 6 Portionen)

pesce spada al salmoriglio

Schwertfisch mit Olivenöl und Salmoriglio

250 ml natives Olivenöl extra
1 ganze Knoblauchzehe, geschält und leicht zerdrückt
2 EL gehackte glatte Petersilie
2 EL gehackte Minze
Saft von 2 Zitronen
Meersalz, frischgemahlener Pfeffer
6 Schwertfischfilets oder Filets von anderem festen Weißfisch

Das Olivenöl, den Knoblauch, die Petersilie, die Minze und den Zitronensaft mischen und abschmecken. ¼ des Salmoriglio beiseitestellen. Den Fisch in der Marinade 1 Stunde ziehen lassen.

Den Fisch auf dem Grill, in einer beschichteten Pfanne oder in einer Grillpfanne von jeder Seite etwa 2–3 Minuten bei starker Hitze braten. Sofort mit etwas Salmoriglio beträufelt servieren.

(Für 6 Portionen)

sarde a beccafico

Gefüllte Sardinen

Gefüllte Sardinen sind mit Salat eine Hauptmahlzeit, schmecken aber auch herrlich als Vorspeise.

24 frische Sardinen
160 g frische Weißbrotbrösel
1 kleine Knoblauchzehe, feingehackt
1 Handvoll glatte Petersilie, gehackt
50 g frischgeriebener Parmesan
1 Ei, leicht verquirlt
125 ml natives Olivenöl extra
100 g Weizenmehl (Type 405)
Meersalz
frischgemahlener Pfeffer

Ich mache Sardinen gerne selbst küchenfertig (wer das nicht mag, kann das aber auch den Fischhändler erledigen lassen). Dazu die Sardinen unter fließendem Wasser schuppen, die Hauptgräte am Kopf mit dem Daumen durchbrechen und die Innereien mit dem Finger herausholen. Dabei mit dem Daumen an der Hauptgräte entlangfahren und die Sardine öffnen. Am Schwanz angekommen, wird die Gräte vorsichtig herausgezogen. Dann die Sardine aufklappen.

Die Brösel, den Knoblauch, die Petersilie, den Parmesan, das Ei und etwas Salz und Pfeffer vermischen, gegebenenfalls etwas Wasser hinzufügen, damit eine feuchte Mischung entsteht. Die aufgeklappten Sardinen mit der Hautseite nach unten auf die Handfläche legen. Mit der Hand etwas Bröselmischung (je 1 TL) in die Mitte der Sardine geben und flachdrücken, dabei einen Rand lassen. Eine weitere Sardine mit der Hautseite nach oben darauflegen und beide vorsichtig zusammendrücken. Auf diese Weise mit allen Sardinen verfahren.

Die Hälfte des Olivenöls bei mittlerer Temperatur in einer großen beschichteten Pfanne erhitzen. Das Mehl in eine flache Schüssel geben, mit Salz und Pfeffer würzen und die Sardinen damit leicht bestäuben. Die Sardinen portionsweise in dem heißen Olivenöl von jeder Seite 4–5 Minuten goldbraun braten (nicht zu kurz und heiß braten, sonst sind sie in der Mitte noch roh). Mit Salz bestreuen und auf einem Teller anrichten.
(Für 4 Portionen)

Dieses Foto zeigt mich mit meinem jüngsten Bruder Aldo im Garten meiner Großeltern. In diesem Garten zogen die beiden Obst und Gemüse: Bohnen und Zucchini, Feigen und Tomaten, Trauben … Sie hielten sogar Hühner. Zum Glück gab es einen großen Vorgarten, in dem wir Kinder spielen konnten, denn hinter dem Haus war absolut kein Platz dafür. Großvater und Großmutter hatten elf Kinder, daher kamen zum Essen meist 25 Personen zusammen. Einer meiner Onkel war Zimmermann – er schreinerte uns extra einen Familientisch.

verdura

Früher gab es in der sizilianischen Küche öfter Gemüse zu essen als Fleisch. Fleisch war teuer und kam deswegen nur zu besonderen Anlässen und an Festtagen auf den Tisch. In den Heimatdörfern meiner Eltern wurde Gemüse im Sommer geerntet und für den Winter eingelegt.

finocchio gratinato
Gratinierter Fenchel

1 große oder 2 kleine Fenchelknolle(n) mit Grün
3 EL natives Olivenöl extra
1 Knoblauchzehe, feingehackt
50 g frischgeriebener Parmesan

Das Fenchelgrün abschneiden und grob hacken. Die zähen äußeren Fenchelblätter entfernen. Die Knollen halbieren und in 6 Stücke (kleine Knollen in 4 Stücke) zerteilen. Jedes Segment sollte am Strunk zusammenhalten. Den Fenchel in kochendem Salzwasser 12–15 Minuten weichkochen, dann abgießen und abkühlen lassen.

Den Backofen auf 180 °C vorheizen. Ein Backblech mit Backpapier auslegen und den Fenchel darauf verteilen. Das Olivenöl mit dem Knoblauch verrühren und über den Fenchel gießen. Den Fenchel mit dem Parmesan und dem gehacktem Fenchelgrün bestreuen und im Backofen etwa 30 Minuten goldbraun gratinieren.
(Für 4 Portionen)

insalata di arance

Orangensalat

Diese Mischung aus süßer Orange und Olivenöl schmeckt wunderbar. Dazu passen auch einige schwarze Oliven und in dünne Ringe geschnittene rote Zwiebeln.

3 Orangen, von der weißen Haut befreit, kleingewürfelt und geschält
4 EL natives Olivenöl extra
½ TL Chiliflocken
Meersalz

Die Orangenwürfel in eine Schüssel geben, mit dem Olivenöl beträufeln und mit den Chiliflocken und etwas Salz abschmecken. Alles gut mischen und servieren.
(Für 4 Portionen)

broccoli

Wilder Brokkoli

Brokkoli passt wunderbar zu Porchetta, Schweinefleisch und als Basis für Frittata (siehe Seite 37). Gut sortierte Gemüsegeschäfte führen ihn, ich ernte ihn selbst, auch wenn er dann etwas bitterer ist.

1 Bund wilder Brokkoli
4 EL natives Olivenöl extra
1 Knoblauchzehe, gehackt
Meersalz, frischgemahlener Pfeffer

Den Brokkoli von gelben Blättern sowie Strünken befreien, kleinschneiden und 5–10 Minuten in Salzwasser kochen, abtropfen lassen.

Das Olivenöl in einer Pfanne erhitzen und den Knoblauch darin 30 Sekunden anschwitzen. Den Brokkoli hinzufügen und unter Rühren etwa 10 Minuten mitgaren. Mit Salz und Pfeffer abschmecken.
(Für 4 Portionen)

fagioli con pomodoro
Grüne Bohnen mit Tomaten

3 EL natives Olivenöl extra
1 Knoblauchzehe, feingehackt
400 g gehackte Tomaten aus der Dose
500 g grüne Bohnen (egal welcher Sorte), geputzt
Meersalz, frischgemahlener Pfeffer

Das Olivenöl in einem großen Topf erhitzen, den Knoblauch darin anschwitzen und die Tomaten hinzufügen. Nach 5 Minuten die Bohnen, etwas Salz und Pfeffer und 125 ml Wasser dazugeben. Bei reduzierter Temperatur die Bohnen weichgaren. Sowohl warm als auch kalt ein Genuss! (Für 4 Portionen)

cavolfiore con olive verde

Gedünsteter Blumenkohl mit grünen Oliven

1 kleiner Kopf Blumenkohl
4 EL natives Olivenöl extra
1 rote Zwiebel, in dünne Ringe geschnitten
100 g grüne Oliven
Meersalz, frischgemahlener Pfeffer

Den Blumenkohl in seine Röschen teilen und waschen. Die Zwiebel mit dem Blumenkohl in eine Pfanne mit erhitztem Öl geben, abgedeckt 15–20 Minuten garen, dabei gelegentlich schwenken. Der Blumenkohl darf nicht zu trocken werden, gegebenenfalls etwas Wasser angießen. Zum Schluss die Oliven hinzufügen und 10 Minuten mitgaren, dann den Deckel abnehmen und vor dem Servieren alles etwas bräunen lassen. (Für 4 Portionen)

insalata di finocchio

Fenchelsalat

Dieser einfache Beilagensalat lässt sich ganz nach Belieben mit einer gewürfelten Orange, einem halben Kopf Eisbergsalat oder Radicchio aufpeppen.

1 Fenchelknolle mit Grün
2 EL Zitronensaft, frischgepresst
4 EL natives Olivenöl extra
Meersalz

Das Fenchelgrün abschneiden und feinhacken. Die Fenchelknolle von den äußeren Blättern befreien, halbieren, in dünne Scheiben hobeln. Den Zitronensaft mit dem Olivenöl verrühren und mit Salz abschmecken. Die Marinade über den Fenchel geben, mit Fenchelgrün bestreuen.
(Für 4 Portionen)

biete con pomodoro e aglio
Mangold mit Tomaten und Knoblauch

etwa 1 kg Mangold
3 EL natives Olivenöl extra
2 Knoblauchzehen, feingehackt
4 große reife Tomaten, gewürfelt oder 400 g gehackte Tomaten aus der Dose
1 TL Chiliflocken (nach Belieben)
Meersalz
frischgemahlener Pfeffer

Den Mangold in mundgerechte Stücke schneiden (ich verwende sowohl die Blätter als auch die Stängel – wie gesagt, Sizilianer verschwenden nichts). Die Stängel in reichlich kochendem Salzwasser etwa 5 Minuten weichkochen, dann die Blätter hinzufügen und 5 Minuten mitgaren. Den Mangold abgießen, dabei etwa 125 ml Kochwasser auffangen.

Das Olivenöl im selben Topf erhitzen und den Knoblauch darin etwa 1 Minute anschwitzen. Die Tomaten hinzufügen und 5 Minuten mitgaren. Dann den Mangold dazugeben, mit Salz und Pfeffer abschmecken und, wer es schärfer mag, die Chiliflocken hinzufügen. Alles abgedeckt 10 Minuten köcheln lassen und nach Bedarf noch etwas von dem beiseitegestellten Kochwasser nachfüllen.
(Für 4 Portionen)

SICILIA
ETNA

carciofi ripieni
Gefüllte Artischocken

Bei uns gibt es meist drei verschiedene Sorten von Artischocken zu kaufen: violette und grüne mit Dornen, violette und grüne ohne Dornen und hellgrüne Artischocken. Ich bevorzuge die grünen und violetten ohne Dornen. Sie haben nämlich nicht so viel Heu im Inneren.

6 frische Artischocken
2 Zitronen
160 g frische Weißbrotbrösel
60 g frischgeriebener Parmesan
1 Knoblauchzehe, feingehackt
3 EL glatte Petersilie, gehackt
125 ml natives Olivenöl extra
Meersalz
frischgemahlener Pfeffer
3 Eier, leicht verquirlt
440 g passierte Tomaten aus der Dose

Das obere Drittel jeder Artischocke mit einem Sägemesser abschneiden (wir brauchen oben eine ebene Fläche). Den Stiel so nah wie möglich an den Blättern abschneiden, damit auch unten eine gerade Fläche entsteht. Die Stiele nicht wegwerfen, nur holzige Teile abschneiden und die zarten Stücke – ca. 2–3 cm über dem Knospenansatz – schälen. Die geputzten Artischocken in eine Schüssel mit Zitronenwasser (am besten auch mit Zitronenschalen) geben. Die Säure verhindert, dass sich die Artischocken verfärben.

Den Backofen auf 190 °C vorheizen. Die Weißbrotbrösel mit dem Parmesan, dem Knoblauch, der Petersilie und etwas Salz und Pfeffer mischen. Jeweils nur 1 Artischocke aus dem Wasser nehmen, die flache Seite der Artischocke auf ein Geschirrtuch legen und mit der Handfläche vorsichtig flach drücken, damit sich die Blätter etwas öffnen, die Artischocke aber ihre Form behält. So viel wie möglich von der Bröselmischung zwischen die Blätter füllen, dabei muss nicht jeder Zwischenraum gefüllt werden. In der Mitte sind die Blätter zu dicht zum Befüllen.

Sind alle Artischocken gefüllt, das Olivenöl in einer großen beschichteten Pfanne erhitzen. Die Artischocken nacheinander durch die verquirlten Eier ziehen und mit der Oberseite nach unten in die Pfanne legen. Nach 1–2 Minuten ist die Bröselmischung in der Artischocke fixiert.

Die Artischocken mit der versiegelten Seite nach oben dicht an dicht nebeneinander in eine große Bratform setzen. Anschließend die Tomaten, 500 ml Wasser, die Stängel und etwas Salz und Pfeffer über den Artischocken verteilen. Die Form dicht mit Alufolie abdecken und etwa

1 ½ Stunden im Backofen garen. Die Garzeit hängt von der Größe der Artischocken ab. Wenn die Artischocken beim Anstechen mit einem Holzstäbchen weich sind, sind sie fertig. Man sollte die Artischocken eher länger als kürzer garen, sie werden sehr zart. Von Zeit zu Zeit die Folie hochheben und bei Bedarf Wasser nachfüllen.

Gegessen werden bei Artischocken nicht die Hüllblätter, sondern nur das zarte gelbe Fruchtfleisch der inneren Blätter, die mit den Zähnen abgeknabbert werden. Das Artischockeninnere ist weich und kann ganz verzehrt werden.
(Für 6 Portionen)

finocchio selvatico

Wilder Fenchel

Wilder Fenchel bildet keine Knollen und gleicht Dillkraut, hat aber einen wesentlich intensiveren Geschmack. Die Pflanze wird kurz über dem Boden mit einem scharfen Messer abgeschnitten. Sie sollte zart sein, holzige Pflanzen sind schon zu sehr ausgereift. Wilder Fenchel passt als Beilage zu Gerichten mit Lamm- oder Schweinefleisch. Die Hälfte lässt sich auch als Grundlage für eine Frittata (siehe Seite 37) verwenden. Oder er wird mit Ricotta und etwa 80 g frischgeriebenem Parmesan gemischt und als Füllung für Cannelloni verwendet.

etwa 1 kg wilder Fenchel
4 EL natives Olivenöl extra
1 Knoblauchzehe, feingehackt
Meersalz, frischgemahlener Pfeffer

Den Fenchel in Salzwasser waschen (das Salz tötet kleine Insekten). Reichlich Salzwasser zum Kochen bringen, den Fenchel grob hacken und 10–15 Minuten weichkochen, anschließend abtropfen lassen.

Das Olivenöl bei mittlerer Temperatur in einer Pfanne erhitzen und den Knoblauch darin etwa 30 Sekunden anschwitzen. Dann den Fenchel hinzufügen und unter Rühren 10–15 Minuten mitgaren, bis er weich ist. Mit Salz und Pfeffer abschmecken und servieren.
(Für 4 Portionen)

insalata di patate, pomodori e cetrioli

Salat mit Kartoffeln, Tomaten und eingelegten Gurken

500 g Salatkartoffeln
2 eingelegte Gurken, in Scheiben geschnitten
3 Tomaten, in Achtel geschnitten
1 kleine Salatzwiebel, in dünne Ringe geschnitten
125 ml natives Olivenöl extra
1 EL getrockneter Oregano, gerebelt
Meersalz

Die Kartoffeln in Salzwasser weichkochen, abgießen und etwas abkühlen lassen, dann pellen und völlig erkalten lassen.

Die Gurken, die Tomaten und die Zwiebel in eine Schüssel geben. Die Kartoffeln in mundgerechte Stücke schneiden und mit dem Olivenöl und dem Oregano dazugeben. Alles nach Belieben mit Salz abschmecken und gründlich mischen.
(Für 5–6 Portionen)

melanzana parmigiana

Auberginenparmigiana

Dieses Gericht bereite ich manchmal auch ohne Tomatensauce zu. In diesem Fall beträufle ich die Auberginen, wenn sie aus dem Ofen kommen, mit etwas Rotweinessig und verteile grob zerkleinerte Basilikumblätter und gehackten Knoblauch darüber.

3–4 Auberginen
Meersalz
250 ml natives Olivenöl extra
½ Portion Tomatensauce (siehe Seite 84)
50 g frischgeriebener Parmesan
Basilikumblätter

Die Auberginen quer oder der Länge nach in dünne (1,5 cm) Scheiben schneiden und in eine Auflaufform oder einen Durchschlag legen, dann großzügig mit Salz bestreuen und 1–2 Stunden ruhen lassen. (Das Salz entzieht den Auberginen sowohl Flüssigkeit als auch Bitterstoffe.) Die Auberginenscheiben dann mit einem Geschirrtuch trockentupfen (nicht abspülen).

Den Backofen auf 220 °C vorheizen. Jede Auberginenscheibe von beiden Seiten mithilfe eines Backpinsels großzügig mit Olivenöl bestreichen und nebeneinander auf ein eingeöltes Backblech legen (falls nötig, mehrere Bleche nacheinander backen). Die Auberginen im Backofen auf der untersten Schiene 10 Minuten garen, anschließend wenden und für weitere 5 Minuten bräunen lassen.

Die Auberginenscheiben in einer großen Auflaufform anrichten, dann die Tomatensauce gleichmäßig darüber verteilen. Anschließend mit dem Parmesan und einigen grob zerkleinerten Basilikumblättern bestreuen. Mit den restlichen Zutaten ebenso verfahren, bis alles verbraucht ist. Schmeckt warm oder kalt einfach köstlich.

Die Auberginenscheiben können aber auch überbacken werden. Dafür wie beschrieben verfahren, zum Schluss ein verquirltes Ei mit 125 ml Tomatensauce vermengen und über den Auberginen verteilen. Im Backofen bei 180 °C 40 Minuten überbacken.
(Für 6 Portionen)

insalata di zucchine

Marinierte Zucchini

6–8 kleine Zucchini
1 EL Meersalz
2 Knoblauchzehen, sehr feingehackt
125 ml natives Olivenöl extra
4 EL Balsamico
3 EL feingehackte Minze

Die Zucchini der Länge nach mit einem Sparschäler in Scheiben schneiden, dabei fest drücken, um möglichst dicke Scheiben zu bekommen. Auch mit einem Hobel lassen sich gut saubere Scheiben schneiden.

Die Zucchini in eine Schüssel geben, mit Salz bestreuen und mischen. Die Scheiben 1 Stunde Wasser ziehen lassen, anschließend abtropfen lassen und gut ausdrücken. Die Zucchini mit dem Knoblauch, dem Olivenöl, dem Essig und der Minze in einer Schüssel mischen und vor dem Servieren noch etwa 30 Minuten bei Zimmertemperatur durchziehen lassen.
(Für 6 Portionen)

insalata di cavolfiore
Blumenkohlsalat

1 kleiner Kopf Blumenkohl, in Röschen zerteilt
1 kleine rote Zwiebel, in dünne Ringe geschnitten
6 Sardellenfilets, sehr feingehackt
100 g schwarze Oliven, entsteint
2 EL kleine gesalzene Kapern, abgespült
3 geröstete rote Paprikaschoten, in feine Streifen geschnitten
4 EL natives Olivenöl extra
3 EL Rotweinessig
2 EL grob gehackte Minze

Den Blumenkohl in kochendem Salzwasser in etwa 5 Minuten weichkochen, anschließend abtropfen lassen und zum Abkühlen beiseitestellen.

Den abgekühlten Blumenkohl mit der Zwiebel, den Sardellen, den Oliven, den Kapern und der Paprika in einer Schüssel vermengen. Das Olivenöl und den Essig mit der Minze verrühren. Das Dressing über den Salat geben, mischen und vor dem Servieren mindestens 1 Stunde durchziehen lassen.
(Für 4 Portionen)

cotoletta di melanzane

Panierte Aubergine

3 kleine Auberginen
reichlich Meersalz
150 g trockene Weißbrotbrösel
75 g frischgeriebener Parmesan oder Pecorino
3 EL glatte Petersilie, gehackt
1 Knoblauchzehe, feingehackt
3 Eier, leicht verquirlt
Meersalz
frischgemahlener Pfeffer
natives Olivenöl extra zum Braten

Die Auberginen quer oder der Länge nach in dünne (1,5 cm) Scheiben schneiden und in eine Auflaufform oder ein Sieb legen, dann großzügig mit Salz bestreuen und etwa 1–2 Stunden ruhen lassen. Das Salz entzieht den Auberginen Flüssigkeit und Bitterstoffe.

Die Weißbrotbrösel, den Käse, die Petersilie und den Knoblauch in einer Schüssel mischen und abschmecken. Die verquirlten Eier in eine zweite Schüssel geben. Die Auberginen mit einem Geschirrtuch trockentupfen, vorher nicht abspülen. Die Scheiben zuerst durch das verquirlte Ei ziehen und dann in der Bröselmischung wenden. Die Panade gut andrücken.

Etwas Olivenöl bei mittlerer Temperatur in einer großen beschichteten Pfanne erhitzen und die Auberginenscheiben darin von beiden Seiten etwa 5 Minuten goldbraun braten (falls die Auberginenscheiben nicht alle gleichzeitig in die Pfanne passen, nacheinander braten). Abschließend die Auberginen herausnehmen, auf Küchenpapier abtropfen lassen und heiß oder kalt servieren.
(Für 6 Portionen)

zucca con aglio e prezzemolo
Kürbispüree mit Knoblauch und Petersilie

Für dieses Kürbispüree ist Butternusskürbis sehr gut, aber auch jede andere Kürbissorte geeignet.

1 kg Kürbis, geschält und in kleine Stücke geschnitten
2 Knoblauchzehen, grob gehackt
4 Stängel glatte Petersilie plus 1 EL gehackte Petersilie
125 ml natives Olivenöl extra
Meersalz
frischgemahlener Pfeffer

Das Kürbisfleisch in einen großen Topf mit Deckel geben. Den Knoblauch, die Petersilie und das Olivenöl hinzufügen, mit Salz und Pfeffer abschmecken und alles bei sehr milder Hitze sanft köcheln lassen, dabei gelegentlich umrühren. Durch den aufgelegten Deckel zieht der Kürbis etwas Wasser, gegebenenfalls sollte aber noch Wasser nachgefüllt werden, damit nichts anbrennt – allerdings nie mehr als 3 EL Wasser auf einmal angießen.

Ist das Kürbisfleisch vollständig zerfallen, den Deckel vom Topf nehmen und das Püree gut durchrühren (die Konsistenz ähnelt der von Kartoffelbrei). Gegebenenfalls mit Salz und Pfeffer abschmecken und mit der Petersilie bestreut servieren.
(Für 6 Portionen)

caponata
Geschmortes Gemüse

3 Auberginen, gewürfelt
Meersalz
5–6 Stangen Staudensellerie aus dem Herz
6 lange rote Paprikaschoten
250 ml natives Olivenöl extra
1 große rote Zwiebel, halbiert und in Ringe geschnitten
1 Knoblauchzehe, feingehackt
4 EL kleine gesalzene Kapern, abgespült
3 EL Rotweinessig

Die Auberginenwürfel in einem Sieb über eine Schüssel stellen, etwas salzen und etwa 1 Stunde Wasser ziehen lassen. Das Salz entzieht den Auberginen Flüssigkeit und Bitterstoffe.

Den Staudensellerie samt Blättern in 1–2 cm lange Stücke schneiden. Die Paprikaschoten längs halbieren und quer in Streifen schneiden. Ich gare jedes Gemüse am liebsten extra, da alles unterschiedlich lange braucht. Erst zum Schluss mische ich alles zusammen.

Die Auberginen auf ein sauberes Geschirrtuch geben und trockentupfen. In einer Pfanne bei mittlerer Temperatur 3 EL Olivenöl erhitzen und die Auberginen darin 10–15 Minuten weich und goldbraun braten (die Pfanne sollte nicht zu voll sein, die Auberginen gegebenenfalls nacheinander braten). Werden die Auberginen zu trocken, kann noch etwas Öl hinzugefügt werden. Die gebratenen Auberginen herausnehmen und auf Küchenpapier abtropfen lassen.

Nochmals 3 EL Öl bei mittlerer Temperatur in der Pfanne erhitzen. Den Staudensellerie und die Zwiebel darin weichdünsten und anschließend auf Küchenpapier abtropfen lassen.

Nochmals 3 EL Öl bei mittlerer Temperatur erhitzen und die Paprikastreifen darin weichdünsten. Zum Schluss den Knoblauch hinzufügen und 1 Minute lang unter Rühren mitgaren.

Schließlich alle Gemüsesorten in einer großen Schüssel mischen, mit Salz abschmecken, die Kapern und den Essig hinzufügen und alles gut vermengen. Die Caponata warm als Beilage zu Fleisch oder auf einem gemischten Vorspeisenteller servieren.
(Für 6 Portionen)

Da meine Mutter die Älteste von zehn Geschwistern war, gibt es zwischen mir und einigen jüngeren Tanten und Onkeln kaum Altersunterschiede. So kommt es, dass ich nur 18 Monate älter als der jüngste Bruder meiner Mutter bin. Wir wuchsen deshalb gemeinsam als gute Freunde auf und gingen häufig miteinander zum Tanz. Das war wunderbar für mich, denn als junges italienisches Mädchen wäre es mir selbstverständlich verboten gewesen, so ganz ohne Anstandsbegleiter tanzen zu gehen.

dolce

Die Sizilianer gelten in Italien als die besten Keks- und Kuchenbäcker. Auch ihr Eis ist berühmt. Aus Haselnüssen, Pistazien, Walnüssen und Mandeln werden wunderbare Plätzchen. Ricotta kommt in Kuchen und Cannoli. Sizilianer lieben außerdem Marzipan und Marzipanfrüchte. An Ostern bekommen die Kinder Osterlämmer aus Marzipan.

crostata di cioccolato e nocciole
Schokoladen-Haselnuss-Kuchen

TEIG
200 g Weizenmehl (Type 405)
140 g kalte Butter, gewürfelt
½ TL Backpulver
4 EL Zucker
abgeriebene Schale von ½ unbehandelten Orange
1 Ei, leicht verquirlt
2 EL Marsala

FÜLLUNG
280 g geröstete Haselnusskerne
125 g dunkle Schokolade
90 g Butter, Zimmertemperatur
150 g Zucker
abgeriebene Schale von ½ unbehandelten Orange
2 Eier, leicht verquirlt
1 EL Weizenmehl (Type 405)
3 EL Marsala

Für den Teig das Mehl, die Butter, das Backpulver, den Zucker und die abgeriebene Orangenschale mit dem Handrührgerät etwa 3 Minuten verrühren. Dann das Ei und den Marsala hinzufügen und unterrühren. Alles auf einer bemehlten Arbeitsfläche rasch zu einem glatten Teig kneten (je weicher der Teig wird, desto schwieriger lässt er sich verarbeiten). Eine Springform (ca. 25 cm Durchmesser) ausfetten, den Teig ausrollen und die Kuchenform (inklusive Rand) damit auslegen. Den Teigboden mit einer Gabel einstechen und die Springform 30 Minuten kühlstellen. Den Backofen auf 200 °C vorheizen.

Für die Füllung die Haselnüsse in der Küchenmaschine grob vermahlen und anschließend in eine Schüssel geben. Die Schokolade ebenfalls in der Küchenmaschine feinzerkleinern und zu den Nüssen in die Schüssel geben.

Die Butter, den Zucker und die abgeriebene Orangenschale cremig aufschlagen. Die Eier, den Marsala und das Mehl hinzufügen und alles einige Minuten verrühren. Die Mischung zu den Haselnüssen und zur Schokolade geben und alles vorsichtig mit einem Holzlöffel vermengen. Die Füllung auf dem gekühlten Kuchenboden verteilen und beides im Backofen 30 Minuten backen, bis die Füllung in der Mitte fest ist. Vor dem Servieren etwas abkühlen lassen.
(Für 8–10 Portionen)

torta di ricotta
Ricottakuchen

Wenn ich Ricotta kaufe, bevorzuge ich den in großen Formen abgepackten, die kleinen Portionen sind für meinen Geschmack zu weich und feucht. Wer nur weichen Ricotta bekommen kann, lässt ihn über Nacht in einem Durchschlag über einer Schüssel abtropfen.

TEIG
1 Portion Teig wie für Schokoladen-Haselnuss-Kuchen (siehe Seite 207)

FÜLLUNG
115 g getrocknete Feigen, gehackt
3 EL Marsala
750 g frischer, fester Ricotta
115 g Zucker
1 Ei, leicht verquirlt, plus 1 Eiweiß zum Glasieren
2 EL Honig
90 g geröstete Haselnusskerne
abgeriebene Schale von ½ unbehandelten Orange

Den Teig wie im vorigen Rezept beschrieben zubereiten und eine Springform mit 22 cm Durchmesser mit zwei Dritteln der Masse (inklusive Rand) auslegen. Den übrigen Teig beiseitestellen. Die Springform 30 Minuten kühlstellen. Den Backofen auf 200 °C vorheizen, den Teigboden mit Backpapier belegen und mit ungekochtem Reis beschwert etwa 15 Minuten blindbacken. Dann den Reis und das Backpapier entfernen, den Teigboden auskühlen lassen. Die Temperatur des Backofens auf 190 °C reduzieren.

In der Zwischenzeit die Füllung vorbereiten: Die gehackten Feigen etwa 30 Minuten in dem Marsala einweichen. Den Ricotta mit dem Zucker, dem Ei und dem Honig cremig aufschlagen und anschließend die Feigen und den Marsala zusammen mit den Haselnüssen sowie mit der abgeriebenen Orangenschale unterrühren.

Die Füllung auf dem Kuchenboden verteilen. Alle Teigreste ausrollen, in Streifen schneiden und gitterartig auf der Füllung verteilen, zum Schluss mit Eiweiß bestreichen. Den Ricottakuchen 35–40 Minuten goldbraun backen und abgekühlt auf Zimmertemperatur servieren.
(Für 8–10 Portionen)

biscotti di fichi e anice

Feigen-Anis-Kekse

Nach diesem Rezept backt meine Tochter Francesca schon seit Jahren. Die Kekse halten sich lange frisch und sind ideal für die Bewirtung von Gästen. Anstelle von Feigen und Anis können auch Schokolade und Mandeln, Datteln und Walnüsse oder Pistazien und kandierte Orangen verwendet werden. Die Mengen sind dabei nicht so wichtig, entscheidend ist die Zusammenstellung der Grundzutaten.

300 g Weizenmehl (Type 405)
225 g Zucker
1 TL Backpulver
½ TL Meersalz
1 großes Eigelb
3 EL Milch
125 ml natives Olivenöl extra
½ TL Vanilleextrakt
375 g getrocknete Feigen, gehackt
2 TL Anis, gemahlen

Den Backofen auf 190 °C vorheizen. Das Mehl, den Zucker, das Backpulver und das Salz mit dem Handrührgerät einige Minuten vermengen. Das Eigelb in die Milch rühren, anschließend das Olivenöl und das Vanilleextrakt hinzufügen. Alles zur Mehlmischung geben und einige Minuten vorsichtig verrühren, gegebenenfalls noch etwas Milch hinzufügen. Die Mischung nur so kurz verrühren, bis eine gebundene Masse entstanden ist.

Die Feigen und den Anis hinzufügen und vorsichtig unterkneten. Den Teig halbieren und jede Portion zu einer 30 cm langen Rolle von etwa 5 cm Durchmesser formen.

Ein Backblech mit gefettetem Backpapier oder Dauerbackfolie auslegen (eventuell 2 Bleche verwenden) und die Rollen darauflegen. Die Rollen im Backofen 30 Minuten backen, dann das Blech herausnehmen und die Rollen etwas abkühlen lassen. Anschließend schräg 1,5 cm dicke Scheiben abschneiden. Die Temperatur des Ofens auf 160 °C reduzieren. Die Kekse wieder auf dem Backpapier verteilen und in 5–10 Minuten goldbraun backen. Die Feigen-Anis-Kekse auf einem Kuchengitter abkühlen lassen.
(Für etwa 48 Stück)

biscotti di mandorla e pinoli
Mandel-Pinien-Kekse

250 g blanchierte Mandelkerne
3 gehäufte EL Pinienkerne
75 g Weizenmehl (Type 405)
75 g sehr feiner Zucker
15 g zimmerwarme Butter
abgeriebene Schale von ½ unbehandelten Zitrone
1 Ei, leicht verquirlt
1 EL Grappa

Den Backofen auf 140 °C vorheizen. Die Mandeln und 2 EL Pinienkerne in der Küchenmaschine grob hacken, sie sollten in etwa die Größe von Reiskörnern haben. Die Nüsse in eine Schüssel geben und das Mehl, den Zucker, die Butter, die abgeriebene Zitronenschale, das Ei und den Grappa hinzufügen. Mit den Händen verkneten. Ein Backblech mit Backpapier auslegen und dieses zusätzlich mit Butter fetten. (Sie können auch Dauerbackfolie verwenden.)

Die Hände mit etwas Wasser anfeuchten und etwa 1 gehäuften Teelöffel der Mischung so gut wie möglich zu einer Kugel formen (der Teig enthält grobe Stückchen). Die Kugeln auf das Backblech legen und mit der Handfläche etwas flachdrücken. Mit dem restlichen Teig in gleicher Weise verfahren. Zwischendurch muss man sich öfter die Hände waschen und sie befeuchten, da der Teig sehr klebrig ist. Auf jeden Keks einen Pinienkern drücken und die Bleche im Backofen, auf der obersten Schiene, etwa 20 Minuten backen.

Die Temperatur auf 150 °C erhöhen und die Mandel-Pinien-Kekse für weitere 10 Minuten backen, schließlich auf einem Kuchengitter abkühlen lassen.
(Für etwa 40 Stück)

buccellato
Fruchthalbmond

Von diesem Rezept gibt es viele Variationen, wer mag, kann etwas weglassen oder nach eigenen Ideen etwas hinzufügen.

FÜLLUNG
125 g getrocknete Feigen, feingehackt
50 g Rosinen, feingehackt
100 g Datteln, feingehackt
150 ml Marsala
1 TL Zimtpulver
abgeriebene Schale und Saft von 1 unbehandelten Orange
200 g Honig
150 g Haselnusskerne, gehackt

TEIG
400 g Weizenmehl (Type 405)
150 g Puderzucker
175 g zimmerwarme Butter, gewürfelt
3 Eigelb
1 Prise Meersalz
abgeriebene Schale von 1 unbehandelten Orange
1 Ei, verquirlt, zum Bestreichen

Für die Füllung die gehackten Früchte zusammen mit dem Marsala, dem Zimt, der abgeriebenen Orangenschale und dem Orangensaft in eine Schüssel geben und über Nacht ziehen lassen.

Die eingeweichten Früchte mit dem Honig in einem Topf sanft köcheln lassen, bis die Masse klebrig und fest ist. Den Topf vom Herd nehmen, die Haselnüsse hinzufügen und kühlstellen.

Für den Teig das Mehl, den Zucker, die Butter, die Eigelb, die abgeriebene Orangenschale sowie 1 Prise Salz in der Küchenmaschine verrühren. Eventuell Wasser hinzufügen, damit sich die Zutaten verbinden. Den Teig herausnehmen und vorsichtig zu einer Kugel formen. Frischhaltefolie auf der Arbeitsplatte auslegen und den Teig darauf rechteckig ausrollen (etwa 45 x 15 cm). Den Teig mit Frischhaltefolie abdecken, auf ein Backblech legen und 1 Stunde kaltstellen.

Die Füllung auf einer Seite des Teigs verteilen, die andere Seite darüberfalten. Die Ränder mit verquirltem Ei bestreichen und festdrücken, überstehenden Teig abschneiden. Mithilfe der Folie auf ein mit Backpapier bedecktes Blech legen (Folie am besten an den Enden fassen). Die Folie entfernen, den strudelförmigen Kuchen oben viermal einschneiden und die Enden vorsichtig rundbiegen, sodass ein Halbmond entsteht. Mit dem restlichen Ei bestreichen, dann den Buccellato 30 Minuten abkühlen lassen. Den Backofen auf 160 °C vorheizen und den Halbmond in 30–35 Minuten goldbraun backen. Den fertigen Kuchen mit Puderzucker bestäuben.
(Für 8–10 Portionen)

cannoli

Die frittierten Cannoli-Röllchen halten sich in einem luftdicht verschlossenen Behälter bis zu 3 Monate (ich lege etwas Küchenpapier zwischen die einzelnen Lagen). Gefüllt sind sie nicht sehr lange haltbar. Für die Zubereitung von Cannoli braucht man eine Nudelmaschine und Sahnerollenformen (in gutsortierten Haushaltswarengeschäften erhältlich).

CANNOLI
320 g Weizenmehl (Type 405)
1 EL dunkles Kakaopulver
1 EL feiner Streuzucker
50 g kalte Butter, gewürfelt
170 ml Marsala
2 l Pflanzenöl zum Frittieren
1 Eiweiß zum Bestreichen

FÜLLUNG
1 kg frischer, fester Ricotta
175 g Honig
3 EL Zucker
125 ml Marsala
abgeriebene Schale von ½ unbehandelten Zitrone
Puderzucker zum Bestäuben

Für die Cannoli das Mehl, das Kakaopulver, den Zucker und die Butter mit den Knethaken des Handrührgeräts so lange rühren, bis die Butter ganz eingearbeitet ist. Dann nach und nach den Marsala hinzufügen, bis ein nicht allzu fester Teig entsteht (seine Konsistenz sollte derjenigen von Pastateig ähnlich sein). Den Teig in Frischhaltefolie wickeln und 1 Stunde ruhen lassen.

Den Teig in 4 Portionen teilen, mit der Handfläche flachdrücken und mehrmals durch die weiteste Einstellung der Nudelmaschine drehen, bis er anfängt glatt zu werden. Die Teigstärke etwas geringer einstellen und Teig nochmals durchdrehen. Jetzt auf Stufe 3 einstellen und die Teigplatten halbieren. Den Teig nochmals durchdrehen und anschließend auf die Arbeitsplatte legen. Mit einem Ausstecher Kreise von etwa 8 cm Durchmesser ausstechen. Die Teigreste noch einmal durchdrehen, was danach übrigbleibt, muss weggeworfen werden.

In einem Topf, der für etwa 5 Cannoli Platz hat, das Öl auf 190 °C erhitzen. Die Teigkreise um Sahnerollenförmchen wickeln, dabei überlappende Teigränder mit Eiweiß verschließen. Die Röllchen in das Öl geben und 2–3 Minuten frittieren, bis das Gebäck außen Blasen wirft. Die Cannoli auf Küchenkrepp abtropfen lassen. Die abgekühlten Teigröllchen von der Form lösen.

Für die Füllung den Ricotta, den Honig, den Zucker, den Marsala und die abgeriebene Zitronenschale cremig schlagen. Die Masse mit einem Spritzbeutel in die Cannoli füllen. Die Röllchen erst kurz vor dem Servieren füllen. Zum Schluss mit reichlich Puderzucker bestäuben.
(Für 25 Stück)

ravioli dolci

Süße Ravioli

TEIG
½ Portion Cannoliteig ohne Kakaopulver (siehe Seite 216)

FÜLLUNG
100 g Sultaninen
3 EL Marsala
300 g frischer, fester Ricotta
175 g Honig
1 EL Zucker
1 TL Zimtpulver
Pflanzenöl zum Frittieren
Puderzucker zum Bestäuben

Den Cannoliteig mit der Nudelmaschine auswalzen (wie auf Seite 216 beschrieben). Aus den Teigplatten Kreise von 10 cm Durchmesser ausstechen.

Für die Füllung die Sultaninen etwa 30 Minuten in dem Marsala einweichen. Den Ricotta, den Honig, den Zucker und den Zimt cremig schlagen, anschließend die Sultaninen und den Marsala einrühren.

Jeweils einen Esslöffel der Füllung auf die Teigkreise verteilen, diese einmal zusammenfalten und die Ränder mit einer Gabel gut andrücken (es sollten keine Lücken bleiben, da sonst beim Frittieren die Füllung ausläuft).

So viel Pflanzenöl in einen kleinen Topf geben, dass zum oberen Rand noch etwa 6–7 cm Platz bleibt. Das Öl auf etwa 190 °C erhitzen (ein Stück Teig sollte anfangen zu brutzeln, dann ist das Fett heiß genug). Einige Ravioli auf einmal in dem Öl ausbacken. Sobald sie goldbraun sind, die Ravioli herausnehmen und auf Küchenpapier abtropfen lassen. Mit Puderzucker bestäuben und warm servieren.
(Für 12–14 Stück)

torta di mandorla, cioccolato e marsala

Mandel-Schokoladen-Kuchen mit Marsala

300 g blanchierte Mandelkerne
200 g dunkle Schokolade, in kleine Stücke gehackt
100 g dunkles Kakaopulver
250 g Butter
250 g feiner Zucker
5 Eier, leicht verquirlt
3 EL trockener Marsala
Puderzucker zum Bestäuben

Eine Kuchenform (24 cm Durchmesser) mit Backpapier auslegen und dieses gut einfetten. (Sie können auch Dauerbackfolie verwenden.) Den Backofen auf 160 °C vorheizen. Die Mandeln gemeinsam mit der Schokolade in der Küchenmaschine feinhacken, das Kakaopulver hinzufügen und weitere 2 Minuten durchhacken. Diese Mischung in eine Schüssel geben.

Die Butter und den Zucker in der Küchenmaschine hellgelb-cremig aufschlagen. Die Eier einzeln und nacheinander hinzufügen, dabei jedes Ei komplett einarbeiten, bevor das nächste eingerührt wird. Diese Creme zu der Schokoladen-Mandel-Mischung geben. Den Marsala hinzufügen und alles gut verrühren.

Den Teig in die Kuchenform füllen, die Oberfläche glattstreichen und 45 Minuten backen. Den Kuchen mit Puderzucker bestäuben, dann mit Ricotta oder Schlagsahne servieren.
(Für 12 Portionen)

nuvoletti
Wölkchen

3 Eier
250 g feiner Zucker
300 g Weizenmehl (Type 405)

Den Backofen auf 170 °C vorheizen. Ein Backblech mit Backpapier belegen. Die Eier und den Zucker schaumig schlagen. Das Mehl dreimal in eine extra Schüssel sieben. Vorsichtig 3 EL gesiebtes Mehl unter die Eiermischung ziehen und nach und nach vorsichtig jeweils weitere 3 EL Mehl unterheben. Den Teig teelöffelweise auf das Backblech geben und 10 Minuten backen.
(Für etwa 50 Stück)

torrone
Mandeltoffee

500 g Mandelkerne
1 EL Pflanzenöl
400 g feiner Zucker
3 EL Wasser

Den Backofen auf 200 °C vorheizen. Die Mandeln auf einem Backblech im Ofen 6–7 Minuten rösten, dann vom Blech nehmen und abkühlen lassen. Das Backblech mit dem Öl bestreichen.

Die Mandeln, den Zucker und 3 EL Wasser in einem großen Topf bei milder Hitze erwärmen und dabei rühren, bis sich der Zucker aufgelöst hat. Den Topf gelegentlich schwenken und erwärmen, bis der Zucker hellbraun karamellisiert. Den Topf vom Herd nehmen und die Mandel-Zucker-Mischung auf das Backblech geben. Die Masse mit einem eingeölten Pfannenwender flachdrücken, etwas abkühlen lassen, aber noch warm in Quadrate schneiden, dann vollständig erkalten lassen. In einem luftdicht verschlossenen Behälter ist Torrone gut haltbar, bis sie von Leckermäulern entdeckt wird (meine Mutter hatte davon immer etwas im Schrank).
(Die Anzahl der Toffees hängt von der gewählten Größe der Einzelstücke ab.)

mazarisi

Pistazienküchlein

200 g ungesalzene, geröstete Pistazienkerne
4 Eier, getrennt, 2 Eigelb extra
1 Prise Meersalz
150 g feiner Zucker
50 g Kartoffelmehl
abgeriebene Schale von 1 unbehandelten Orange
Puderzucker zum Bestäuben

Den Backofen auf 160 °C erhitzen. 2 Muffinbleche mit jeweils 12 Vertiefungen gut einfetten. Die Pistazien in kochendem Wasser 1 Minute blanchieren, anschließend abtropfen lassen und auf ein Geschirrtuch geben. Mit dem Tuch so viel Haut wie möglich von den Pistazien abrubbeln und die Kerne anschließend in der Küchenmaschine feinmahlen. (Sie können auch bereits geschälte grüne Pistazienkerne kaufen.)

Die Eiweiß mit 1 Prise Salz steifschlagen. In einer weiteren Schüssel 6 Eigelb mit dem Zucker etwa 4 Minuten schaumig schlagen, bis die Creme dick und hell wird. Das Kartoffelmehl, die abgeriebene Orangenschale und die gemahlenen Pistazien einrühren, anschließend das Eiweiß vorsichtig unterziehen. Die Mischung in die Vertiefungen des Muffinblechs füllen, diese sollten zu etwa zwei Dritteln gefüllt sein. Die Küchlein im Backofen 30 Minuten backen, anschließend 5–10 Minuten in der Form abkühlen lassen, dann herausnehmen und auf einem Kuchengitter vollständig erkalten lassen. Mit Puderzucker bestäubt und mit einem Espresso servieren.
(Für etwa 24 Stück)

palle di ricotta
Ricottabällchen

450 g frischer, fester Ricotta
4 Eier, leicht verquirlt
85 g Weizenmehl (Type 405)
50 g zimmerwarme Butter
abgeriebene Schale von ½ unbehandelten Orange
1 Prise Meersalz
Pflanzenöl zum Frittieren
200 g guter, flüssiger Honig zum Beträufeln

Den Ricotta mit dem elektrischen Handrührgerät cremig aufschlagen, die Eier hinzufügen und gut unterrühren. Das Handrührgerät auf niedrigste Stufe einstellen und nach und nach das Mehl einarbeiten. Zum Schluss die Butter, die abgeriebene Orangenschale und 1 Prise Salz hinzufügen. Alles gut vermischen und zunächst beiseitestellen.

Einen Topf zur Hälfte mit Öl füllen und bei mittlerer Temperatur erhitzen. Zum Testen der Temperatur lässt man ein bisschen Teig in das erhitzte Öl gleiten, schwimmt der Teig auf, ist es heiß genug.

Einen Löffel Teig von der Größe eines Golfballs mithilfe eines zweiten Löffels von der Masse ablösen und in das Öl geben. Der Topf sollte nicht zu voll sein, den Teig also portionsweise ausbacken. Sind die Ricottabällchen von einer Seite goldbraun, wenden. Ich schiebe sie während des Frittierens mit einem Löffel hin und her. Die Bällchen sollten nicht zu schnell ausgebacken werden, denn sie gehen nicht auf, wenn das Öl zu heiß ist. Die fertigen Bällchen mit einem Schaumlöffel herausnehmen, einige Minuten auf Küchenpapier abtropfen lassen und nach Belieben mit Honig beträufeln. Sofort servieren.
(Für 6–8 Portionen)

peparelli
Honig-Mandel-Kekse

Dieses Rezept gibt es in unserer Familie schon sehr lange. So lange ich mich erinnern kann, waren von diesen Keksen immer welche im Schrank vorrätig, sei es bei mir zu Hause, bei meiner Mutter oder bei allen meinen Tanten.

1 kg Weizenmehl (Type 405)
300 g feiner Zucker
1 gehäufter TL Natron
1 TL Zimtpulver
250 ml Olivenöl
3 Eier, leicht verquirlt
300 g Honig
abgeriebene Schale und Saft von 1 unbehandelten Orange
250 ml Marsala
300 g gehackte Mandelkerne

Den Backofen auf 190 °C vorheizen. Das Mehl, den Zucker, das Natron und den Zimt in einer Schüssel mischen und in die Mitte eine Mulde drücken. Das Öl mit den Eiern, dem Honig, der abgeriebenen Orangenschale, dem Orangensaft und dem Marsala mischen und in die Vertiefung geben. Die Mandeln hinzufügen und alles mit einem Holzlöffel gut vermischen. Den Teig kurz durchkneten und in 4 Portionen teilen. Jede Portion zu einer Rolle formen.

Ein Backblech mit Backpapier belegen (eventuell 2 Bleche für je 2 Teigrollen vorbereiten). Die Rollen auf das Blech legen und 25 Minuten backen, bis der Teig hellbraun und fest ist. Die Rollen herausnehmen, etwas abkühlen lassen und schräg in 1,5 cm dicke Scheiben schneiden.

Es gibt zwei Varianten für die weitere Zubereitung dieser Kekse, jede meiner Tanten hat dabei ihre eigene Methode: Wer die Plätzchen etwas weicher mag, backt sie nicht noch einmal. Wer sie härter und knuspriger möchte, legt die Scheiben nebeneinander auf das Backblech und lässt sie im ausgeschalteten Backofen auskühlen. Probiert man dieses Rezept zum ersten Mal, empfiehlt sich vielleicht, die eine Hälfte auf diese Weise zuzubreiten und die andere Hälfte nicht noch einmal in den Ofen zu stellen, um dann besser feststellen zu können, welche man lieber mag.
(Für etwa 48 Stück)

In Catania lebten wir in einem großen Bauernhaus am Rande der Stadt. Dort wuchs Süßholz, und ich kann mich gut erinnern, wie ich durch die Felder streifte, mir etwas davon pflückte und direkt in den Mund steckte. Ich habe so viele wunderbare Erinnerungen an dieses Haus, dass ich es kaum erwarten konnte, es wiederzusehen. Ich musste jedoch bei meiner Rückkehr feststellen, dass es nicht mehr stand; an seiner statt waren eine Schnellstraße und Mehrfamilienhäuser gebaut worden.

Register

BUON VINO
DI
SICILIA

R

S

T

Z

Danke

Viele Menschen, Freunde und meine Familie, haben mich auf meinem Weg, der schließlich zu diesem Buch führte, begleitet. Es sind zu viele, um sie wirklich alle namentlich aufzuführen, aber bei einigen muss es einfach sein.
Zunächst danke ich meiner Mutter, die mir einige der Rezepte sowie deren Zubereitungen weitergegeben hat und mir zeigte, dass Kochen niemals eine bloße Notwendigkeit ist, sondern mit Leidenschaft, Liebe und Spaß zu tun hat. Dank gebührt auch meinem Mann Colin, der nicht nur mein schärfster Kritiker, sondern auch mein größter Fan ist. Meiner Tochter Francesca und meinem Sohn Clark danke ich aus ähnlichen Gründen; sie wissen immerhin, wie man mit einem Computer umgeht. Herzlichen Dank auch an Brigitte Hafner, die mein Vertrauen in meine Fähigkeiten gestärkt hat, und an Richard Cornish, Jane Lawson, Paul Stokes und Tim White für ihre Hilfe und Unterstützung bei diesem Projekt.

Die englische Originalausgabe erschien 2009 unter dem Titel *My Cousin Rosa* bei Murdoch Books Pty Ltd. © Murdoch Books UK Ltd.

www.collection-rolf-heyne.de

Design und Layoutgestaltung: Hugh Ford
Illustrationen: Hugh Ford
Fotografie: Alan Benson
Assistenz Rosa Mitchell: Jess McIntosh
Styling: Sarah O'Brien

Übersetzung aus dem Englischen:
Susanne Tiarks, Potsdam
Redaktion der Rezepte: Irmgard Rumberger, Ramerberg

Druck: 1010 Printing International Ltd.
Printed in China

ISBN 978-3-89910-446-2

ULTIMATE
OCEANIC